August Schrader

Die Komödianten

August Schrader

Die Komödianten

ISBN/EAN: 9783743364660

Hergestellt in Europa, USA, Kanada, Australien, Japan

Cover: Foto ©ninafisch / pixelio.de

Manufactured and distributed by brebook publishing software (www.brebook.com)

August Schrader

Die Komödianten

Die Komödianten.

Original-Roman

von

August Schrader.

Vierter Band.

Leipzig,
Verlag von Voigt & Zieger.
1862.

Die Komödianten.

Erstes Kapitel.

Im Boudoir.

Durch eins der Zimmer des gräflichen Hotels ging langsam, eine brennende Kerze tragend, die Zofe der Gebieterin jener kostbaren Räume, die der Graf, als er seine Tänzerin heimgeführt, mit aller Pracht hatte ausstatten lassen, die seine Liebe forderte und sein Reichthum erlaubte. Der alte Mann, die Welt nannte ihn einen Narren, hatte sich der Süßigkeiten seiner Ehe nicht lange zu erfreuen gehabt. Nachdem er in seinem Hotel zwei glänzende Bälle gegeben und einen Sommer mit seiner reizenden Gattin die prachtvolle Villa im Gebirge bewohnt hatte, war er gestorben. Die Wittwe fühlte sich dadurch getröstet, daß sie die Universalerbin des enormen Vermögens geworden. Sie hatte ein halbes Jahr ganz und ein halbes Jahr halb getrauert, das heißt, sie hatte sechs Monate sich in Schwarz und sechs Monate in Grau gekleidet. Dies war sie dem Manne schuldig, der sie zur Gräfin erhoben und zur Besitzerin von einer Million gemacht hatte. War sie von der Aristokratie der Residenz auch nicht als vollgültige Gräfin anerkannt, wußte man auch, daß sie früher Pirouetten gemacht und Entrechats geschlagen, so duldete man sie doch in den Cirkeln, in die Reichthum sich den Zutritt erkauft. Der Wohlthätigkeitssinn der Gräfin war allgemein bekannt. Sagten die neidischen Zungen auch, sie spende nur Wohlthaten, um Aufsehen zu erregen, um sich interessant zu machen, so spendete sie doch mit vollen Händen und beschämte manche Dame, die eben so reich als sie war und einen ellenlangen Stammbaum aufweisen konnte. Hermine von W. gehörte dem Frauenhilfsvereine an, den bürgerliche Damen bildeten; sie hatte eine Kleinkinderbewahranstalt gegründet und unterstützte die Mission, die junge Priester zur Bekehrung der Heiden nach Indien sandte. Auf allen Listen, die man zu Zwecken der Wohlthätigkeit in Umlauf gesetzt, fand man stets ihren Namen mit bedeutenden Beiträgen. Sie unterstützte hülfsbedürftige Wöchnerinnen und stattete arme Kinder zur Konfirmation aus. Die Armen nannten den Namen der Gräfin mit Achtung, die Reichen mit Neid. Die adeligen Damen sagten, das Weib kokettirt, will sich auf diese Weise bemerkbar machen, und die bürgerlichen meinten, mag sie sein wie sie will, sie wendet ihren Reichthum gut an, und das muß man loben. Ueber die Sittenreinheit der Wittwe waren die Stimmen getheilt.

Die Zofe, ein langes und schmächtiges Mädchen, klopfte an eine Thür.

— Herein!

Sie trat in ein prachtvolles Boudoir.

Die Gräfin saß am Schreibtische.

— Was bringst Du, Anna?

— Es ist drei Viertel auf zwei Uhr.

— Schon so spät?

Die Gräfin legte die Feder nieder. Nachdem sie einen Blick auf die Pendule geworfen, die zwischen Blumen vor ihr stand, erhob sie sich seufzend.

— Entkleide mich, Anna!

Die Zofe rollte einen Sessel an den Bronceofen, in dem noch ein Feuer murmelte, und verschwand hinter einem braunen Damastvorhange.

Die Herrin, in blaue Seide gekleidet, warf sich auf den Sessel. Wir fügen der Schilderung, die Emmy ihrer Freundin von der Gräfin gemacht, hinzu, daß die Dame einen schönen runden Arm, einen üppigen Oberkörper und ein wahres Kinderfüßchen besaß. In diesem Augenblicke betrachtete sie schmerzlich lächelnd das Füßchen, das mit einem feinen Stiefel von schwarzem Atlas bekleidet war.

Vielleicht erinnerte sie sich der schönen Zeit, in der sie von der Bühne herab glänzende Eroberungen machte, jener Enthusiasten, die ihr Blumen und Kränze warfen, die sich statt der Pferde vor ihren Wagen spannten, um sie jauchzend von dem Theater nach dem Hotel zu fahren ... wer kann wissen, selbst nur vermuthen, welche Erinnerungen in einer Tänzerin wach werden, die Amerika, England und Frankreich bereist hat, die sicher auch nach Brasilien gekommen, wenn sie nicht Gräfin geworden wäre.

Anna erschien wieder mit den Nachtkleidern.

Die Gräfin saß im Korset auf dem Sessel ... Eine reizende Erscheinung! Die schwarzen Locken des Köpfchens gestalteten sich unter den Fingern Anna's zu Knoten. Als es zwei Uhr schlug, trug die Gräfin ein feines Spitzenhäubchen, einen Nachtmantel von weißer Seide und rothe mit weißem Pelze gefütterte Maroquinpantoffeln. So warf sie sich in die schwellenden Polster des Sopha's.

— Geh' zu Bett, Anna! sagte sie verdrießlich.

— Und Sie, gnädige Frau?

— Ich werde noch ein halbes Stündchen lesen.

— Ihre Augen leiden.

— Ach, wären es nur die Augen! rief die Dame seufzend.

Die Zofe neigte sich über die Lehne des Sopha's.

— Gnädige Frau, flüsterte sie, ich biete Ihnen eine Wette an.

— Nun?

— Ich setze meinen Monatsgehalt gegen eine Stecknadel ein, daß der Herr Baron bald wieder zur Besinnung kommt.

Man sieht, auf welchem Fuße die Herrin mit ihrer Zofe stand.

Die Gräfin sah mit scharfen Blicken zur Seite.

— Wer sagt Dir denn, das mir das lieb ist?

Die Zofe lächelte.

— Sie müssen Nachsicht mit ihm haben.

— Warum denn? fragte hastig die Gräfin. Warum denn?

— Ich habe ein Geheimniß entdeckt.

— Nenne es.

— Aber Sie verzeihen mir ...

— Du weißt, ich liebe lange Einleitungen nicht. Kurz und bündig: was hast Du entdeckt?

— Der Herr Baron hat entsetzlich viel Schulden.

— Unmöglich!

— Und doch ist es. Das Drängen der Gläubiger macht ihn fast kopflos. Ermessen Sie den Skandal, den der gerichtliche Verkauf seines Hotels veranlassen wird ....

— Anna; sollte es so weit gekommen sein?

— Ja, so weit ist es gekommen! versicherte die Zofe. Es giebt kein Mittel mehr, dem Zusammenbruche vorzubeugen.

— Aber um des Himmels willen, der Baron hat einfach gelebt — er ist kein Verschwender...

— Mag sein; indeß die Schulden sind vorhanden und müssen getilgt werden.

Die Gräfin war lebhaft geworden.

— Von wem hast Du erfahren, fragte sie, was mir Geheimniß geblieben?

— Sie sandten mich diesen Nachmittag zu der Justizräthin F., um die Steuer für den Frauenhülfsverein zu entrichten...

— Ganz recht.

— Ich war zum ersten Male dort und verirrte mich in das Vorzimmer der justizräthlichen Büreaux'. Wartend, daß Jemand kommen solle, stand ich am Fenster. Da hörte ich hinter einer Thür lebhaft sprechen. Vielleicht würde ich dem Gespräche weniger Aufmerksamkeit geschenkt haben, wenn ich die Stimme des Herrn Barons nicht erkannt hätte, der den Rechtsanwalt bat, Geld zu schaffen, damit das Hotel Eschenburg nicht verkauft würde.

— Was antwortete der Rechtsanwalt?

— Er bedauerte, daß er nicht helfen könne, sprach von gemessenen Aufträgen, die er erhalten, und rieth, durch den Verkauf des Hotels, das verpfändet sei, dem kostspieligen Prozesse ein Ende zu machen.

— Und der Baron?

— Kam nach einigen Minuten so verstört aus dem Büreau, daß er mich nicht bemerkte. Der Justizrath brachte mich zu seiner Frau, der ich das Geld zahlte. Nun, ich glaube doch wohl, daß die Quelle, aus der ich geschöpft, eine authentische ist.

— Ohne Zweifel, ohne Zweifel!

Die Gräfin hatte ihren Platz verlassen und ging durch das Zimmer.

— Anna! rief sie nach einer Pause.

— Gnädige Frau?

— Hast Du nicht erfahren, wie hoch sich die Summe beläuft, um die es sich handelt?

— Nein!

— Schade, schade!

— Kaufen Sie das Hotel unter der Hand.

— Still, was war das?

— Der Wind.

— Nein, nein! Oeffne die Thür!

Anna öffnete die Thür und blieb an der Schwelle stehen. In der Stille der Nacht hörte man die Glocke, die den Portier weckte. Wir wissen, daß Wilhelm heftig läutete.

— Wer kommt? flüsterte Anna.

— Zwei Uhr ist vorüber ... wer mag denn so spät noch Einlaß fordern ...

— Das ist seltsam!

— Geh' und sieh' nach.

Anna fragte noch einmal zurück:

— Wenn es nun der Baron ist?

— Du machst mir zuvor Meldung.

Die Zofe war verschwunden.

— Woldemar! Woldemar! flüsterte die Gräfin, die unruhig auf und ab ging. Welch ein Triumph für mich, wenn er zu meinen Füßen seine Uebereilung bereuete! Aber er kann es ja nicht sein ... das ist keine Stunde, um Besuche abzustatten! Vielleicht ist ein Unglück geschehen, es brennt wohl in irgend einem Theile meines Hauses.

Sie lauschte mit angehaltenem Athem; sie lauschte so lange, bis sie Schritte im Vorzimmer hörte. Dann öffnete sie rasch die Thür. Anna trat ein.

— Er ist's!

— Wer? fragte die Herrin, als ob sie nicht wüßte, wer gemeint sei.

— Der Herr Baron von Eschenburg.

— Um diese Zeit? Was bedeutet das?

— Er fordert mit Ungestüm, daß ich ihn melde. Wenn Sie schliefen, sollte ich Sie wecken. Ach, gnädige Frau, wie bleich sieht der arme Mann aus und wie erschöpft ist er. Der Schnee liegt handhoch auf seiner Mütze und auf seinem Mantel. Als er mich sah, stieß er einen Freudenruf aus.

— Mein Gott, ich kann den Baron doch so nicht empfangen.

— Sie sehen reizend aus, liebe Herrin. Betrachten Sie sich im Spiegel ... Ihre Nachttoilette würde einer regierenden Fürstin Ehre machen. Nein, Sie dürfen den armen Mann nicht abweisen, der Ihnen vielleicht sein bedrängtes Herz ausschütten will.

— Warte noch!

Die Gräfin verbarg das Papier, das sie beschrieben hatte, in einer Mappe und schob die Mappe in ein Fach ihres Schreibtisches.

— Laß den Baron kommen.

— Gut.

— Doch sage ihm, daß ich zufällig noch wach gewesen, daß ich meine Rechnungen geordnet ... sage ihm, was Du willst, nur nicht, daß von ihm die Rede gewesen sei.

— Ich werde es schon einzurichten wissen.

Anna verließ zum zweiten Male das Boudoir. Die schlaue Zofe wußte, daß sie im Sinne ihrer Gebieterin handelte, wenn sie den Empfang des Geliebten befürwortete. Kam die Aussöhnung zustande, so blieb der Vermittlerin, und als solche betrachtete sich die Zofe, der Lohn nicht aus.

Die Gräfin saß, nachlässig ein Buch haltend, in dem Sopha. Sie zitterte vor Erregung, denn sie liebte den Baron wirklich, nachdem sie in ihrem vielbewegten Leben manche Liebschaft gehabt. Neigungen in dem vorgerückten Lebensalter, und die gewesene Tänzerin zählte bereits dreißig Jahre, sind, wenn auch nicht die feurigsten, doch die zähesten; sie lassen nicht ab von ihrem Gegenstande und wenden Intriguen an, um sich seiner zu versichern. Die Tänzerin hatte sich aus Spekulation verheirathet; die Wittwe wollte dem Manne angehören, den sie liebte.

Endlich ward die Thür geöffnet. Woldemar trat ein. Er trug Civilkleider. Den Mantel hatte er mit Anna's Hülfe abgelegt. Die Gräfin sah ihn bestürzt an. Sein Gesicht war bleich, seine Augen waren geröthet, sein schönes krauses Haar hing naß und wirr um den Kopf. Seine sonst untadelhafte Toilette erschien heute mehr als nachlässig. Und doch mußte sich die Dame gestehen, daß Woldemar in dieser Verfassung ein eigenes Interesse einflößte.

Hatte sich der Rausch des Barons verflüchtigt, oder war es ihm möglich, seinen Zustand zu verbergen — er sagte mit ziemlich sicherer Stimme:

— Hermine, Sie haben mich wohl nicht erwartet?

Sie legte langsam das Buch auf den Tisch, ohne sich zu erheben.

— Nein, wahrhaftig nein! Wie konnte ich auch . . . es ist zwei Uhr in der Nacht.

Der Baron schien überrascht zu sein.

— So spät! rief er aus.

Nach einer Pause fügte er hinzu:

— Ich ziehe mich zurück.

Der Empfang war nicht der gewesen, den er erwartet.

— Woldemar! rief die Gräfin, indem sie aufstand.

Er starrte sie an. Im Negligée hatte er sie nie gesehen. Ihre üppigen Formen zeichneten sich unter der leichten Seidenhülle deutlich ab. Sie war ein schönes, ein elegantes Weib! Der Reichthum, der sie umgab, erhöhete ihre Reize. Wie glüheten ihre dunkeln Augen unter den wie mit Tusch gemalten Brauen! Die schön geschweiften Lippen zitterten leise. Ein feines Parfüm entströmte ihrem Gewande bei jeder Bewegung, die sie ausführte. Wie graziös war ihre Haltung!

Der Baron erlag dem Eindrucke, den die Gräfin auf ihn ausübte.

— Hermine, stammelte er, es ist doch wohl gut, wenn ich gehe. Mein Kopf ist wüst . . . ich bedarf der Ruhe!

— Glauben Sie denn, mein Freund, daß Sie die Ruhe, deren Sie bedürfen, nicht bei mir finden?

Sie trat ihm näher und ergriff seine Hand. Er zuckte heftig zusammen.

— Ich sollte Ihnen zürnen, flüsterte sie lächelnd; Sie dringen mitten in der Nacht so ungestüm in mein Haus...

Der Baron fuhr mit der Hand über seine nasse Stirn.

— Es ist wahr, rief er lachend aus; jetzt erst erkenne ich meinen tollen Streich! Hermine, ich glaube, wir haben uns gezankt! Helfen Sie mir aus der Ungewißheit: ist es wahr oder hat es mir geträumt?

— Woldemar, wie sind Sie?

— Ich mußte kommen, um mir Gewißheit zu holen.

— Und wenn ich nun wirklich Grund hätte, Ihnen zu zürnen?

— Denken Sie immer noch an die Saint-Georges? O, Hermine, Sie würdigen mich herab, wenn Sie mich zum Rivalen des Polizeidirectors machen.

— Was ist das?

— Sprechen wir doch nicht von der leichtfertigen Schauspielerin! Ich habe Unrecht gehandelt, indem ich mich auch nur einen Augenblick für die ehemalige Vorleserin meiner verstorbenen Schwester interessirte. Es war dies eine übel angebrachte Pietät. Ah bah, Schauspielerin bleibt Schauspielerin!

Hermine hatte mit einem freudigen Schreck diese Worte gehört; sie begriff den Inhalt derselben nur zu gut. Daß

Woldemar Emmy liebte, wußte sie; mehr als ein Mal hatte sie vergebens versucht, die Künstlerin zu verdächtigen... jetzt bedurfte es der Verdächtigung nicht mehr, das Ziel war dennoch erreicht. Sie stellte sich, als ob sie die Erregtheit des Barons, deren Grund sie Anfangs in den mißlichen Vermögensverhältnissen gesucht, nicht bemerkte, und mußte sie sich auch mit einem bittern Gefühle sagen, Woldemar's Gemüthszustand beweist eine ernste Liebe zu der Schauspielerin, so faßte sie dennoch den Entschluß, aus der wider Erwarten so schnell eingetretenen Aenderung der Dinge Vortheil zu ziehen. Ihr war jedes Mittel recht, in den Besitz des Mannes zu kommen, um den man sie beneidete. Aber neben der Liebe regte sich auch der Stolz in ihr: hätte Woldemar einer Schauspielerin wegen sich von ihr zurückgezogen, sie wäre der Lächerlichkeit anheimgefallen, denn ihr Umgang mit dem Officier war kein Geheimniß geblieben Eine Heirath allein konnte die Medisance, die längst in voller Thätigkeit war, zum Schweigen bringen und ihr den Triumph über einige adelige Damen verschaffen, die nicht nur geringschätzend auf sie herabblickten, sondern auch oft geäußert hatten, die gewesene Tänzerin sei nur die Geliebte des stolzen Barons von Eschenburg. Der Gedanke an die Folgen eines Bruchs hatte sie tief niedergedrückt, hatte ihr die Ruhe verscheucht und in die trübe Stimmung versetzt, in der wir sie angetroffen haben. Emmy, die gefürchtete und gehaßte Rivalin selbst, hatte die Hoffnungen der Gräfin von Neuem angefacht. Diese Nacht war wichtig, sie durfte nicht ungenutzt vorübergehen. Und Hermine nahm sich fest vor, sie zu benutzen. Vielleicht in den nächsten Tagen schon konnte sie ihre Verlobung mit dem Baron proklamiren.

— Armer Freund, rief sie mitleidig, mir scheint, Sie haben eine bittere Enttäuschung erfahren. Es ist mir dies meinetwegen lieb, denn Sie werden mich nun nicht mehr böswilliger Verleumdung anklagen. Unsere erste Tragödin hat vielleicht Grund, sich der Gunst des Polizeidirectors zu versichern. Eine Dame, die früher Landstädte und Törfer bereis't, mag wohl manches schwarze Blatt in ihrem Tagebuche haben. Herr von Segeritz nimmt das nicht so genau... Himmel, ich möchte bersten vor Lachen, wenn ich an die saubere Geschichte denke! Lady Milford und der Polizeidirector! Ja, die Polizei ist unergründlich wie die Vorsehung! Und nun, Woldemar, ruhen Sie, denn Sie bedürfen der Ruhe.

Er ließ sich von ihr zu dem Sopha führen, auf dem er niedersank. Sie saß mit schmachtenden Blicken neben ihm.

— Hermine, fuhr er plötzlich auf, wir müssen in's Klare kommen.

— Worüber, mein Freund?

Sie ergriff sanft seine Hand.

— Ich habe bis zu diesem Augenblicke an Ihrer Liebe zu mir gezweifelt, sagte er verwirrt. Wahrlich, ich will es Ihnen nur gestehen. Auch meine Schwester war der Ansicht: sie hielt unsere Beziehungen für galante Spielereien.

— Ihre Schwester, Woldemar, hat mich stets verkannt. Ich zürne ihr deshalb nicht, denn die kranke Baronesse faßte im Angesichte des Todes das Leben von einer eigenen Seite auf. Sentimentalität ist mir fremd, ich hasse sie sogar und würde heucheln müssen, wollte ich nach dem Geschmacke Marien's erscheinen. Sie haben an meiner Liebe gezweifelt, weil ich stets heiter bin, mich des Lebens freue … ich kann mich nicht anders machen, als ich bin. Und gefalle ich Ihnen so nicht?

— Hermine!

Er küßte hastig ihre schöne Hand. Sie neigte ihr glühendes Gesicht an seine Brust, indem sie flüsterte:

— Sie sind ein böser Mann, Woldemar. Wie Sie sich und mich quälen! Statt unbedingtes Vertrauen zu mir zu haben, geben Sie ungerechtfertigten Zweifeln Raum, Zweifeln, die unter den obwaltenden Verhältnissen sogar lächerlich erscheinen müssen. Warum, Woldemar, fragte sie in einem fast weinerlichen Tone, haben Sie nicht längst Beweise von meiner aufrichtigen Neigung zu Ihnen gefordert? Sie glauben meinen Worten nicht ... wohlan, so will ich durch die That beweisen, daß ich Ihnen Alles, Alles opfere.

Der Baron drückte die schöne Frau stürmisch an sein Herz; er hielt sie lange umschlungen und küßte feurig ihren weißen Hals und ihre runden Schultern. Die Gräfin gab sich den stürmischen Liebkosungen bebend hin, denn nie hatte sich Woldemar so zärtlich gezeigt, als heute. Nach ihrer Meinung war er ein gutmüthiger Phantast, der, einmal gefangen, sich seinem Schicksale fügte. Und sie liebte ihn, sie liebte ihn heiß und innig.

Woldemar gerieth in eine nur zu natürliche Exaltation, die schnell in jene Vertraulichkeit überging, welche die Wittwe wünschte. Er nannte sie ein göttliches Weib, einen Engel und einen Dämon.

— Ich wäre ein Dämon? rief sie, schmollend wie ein eigensinniges Kind.

Dieses Schmollen stand ihr nicht übel.

— Weil Du eine dämonische Gewalt auf mich ausübst!

— Also eine unheilvolle.

— Unheilvoll für meine Ruhe. Du bist so schön, Hermine, daß ich mich kaum wieder von Dir losreißen kann.

— Nun, so bleibe doch! Was zwingt Dich zu gehen? Dieses Hotel hat Raum genug für . . .

Er zog sie rasch auf seine Kniee und flüsterte ihr in das Ohr:

— Für Deinen Mann!

— Woldemar! Woldemar!

Sie hing sich mit beiden Armen an seinen Hals und überließ ihm den Mund, den er mit glühenden Küssen bedeckte. Der arme Woldemar war kaum seiner Sinne noch mächtig.

— Sieh', mein Freund, flüsterte sie schmachtend, so muß Eins dem Andern angehören, Beide müssen aufgehen in der verzehrenden Glut der Liebe. So habe ich mir das Glück gedacht, das ich in Deinen Armen finde. Ach, ich wiederhole es Dir, daß ich früher nicht geliebt habe... der alte Graf war mir ein väterlicher Freund . . . Nichts weiter. Und hast Du denn nicht errathen, daß ich alle Bewerber um meine Hand Deinetwegen abwies?

— Hermine! Hermine!

— Ist denn nun Alles beseitigt, was Dir Unruhe und Besorgniß macht?

— Die Gewißheit Deiner Liebe . . .

— Hast Du jetzt, Woldemar. O, es hätte längst zu einer offenen Erklärung zwischen uns kommen können, wenn Deine seltsame Verschlossenheit mich nicht davon zurückgeschreckt hätte. Aber nun gehe ich noch weiter und mache Dir Vorschläge über unsere künftige Einrichtung. Den Dienst in der Armee verläßt Du, denn ich wünsche, daß mein Mann Herr seiner Zeit und Niemandem unterthan sei, als seinem Willen. Verstehe mich recht, Woldemar: ich wünsche dies! fügte sie betonend hinzu.

— Und Dein Wunsch wird erfüllt werden! antwortete er rasch. Ich will nur noch in Deinem Dienste stehen.

Sie lohnte ihm diese Erklärung mit einem langen Kusse. Dann fuhr sie fort, sich ihm inniger anschmiegend:

— Aber auch andere Sorgen sollen Dich nicht von dem Glücke abziehen, das Du in Deiner Ehe findest. Zu diesen Sorgen zähle ich die Verwaltung Deiner Besitzungen. Verkaufe sie, mein Freund, verkaufe Alles, damit Du als ein freier, unabhängiger Mann mir die Hand reichen kannst.

Der Baron murmelte überrascht:

— Verkaufen? Wie kommst Du auf diesen Gedanken?

— O, er ist ja so natürlich, daß Du Dich nicht darüber wundern kannst. Wie es scheint, sagte die Gräfin mit einem zauberischen Lächeln, beargwöhnst Du meinen Vorschlag ... ich schätze den Mammon nicht, er würde mir Nichts gelten, wenn er zum vollen Glücke unserer Ehe entbehrlich wäre. Und ich habe ja genug ... sieh', Woldemar, das macht mir den Reichthum werth, daß ich ihn mit Dir theilen kann. Ich wollte, Du wärst arm, ganz arm, dann würde ich Dir beweisen, woran Du bis jetzt gezweifelt, daß ich Dich einzig und allein Deiner selbst willen liebe. Darum verkaufe Deine Güter, verwende die Kaufsumme nach Belieben, schenke sie armen Verwandten oder Wohlthätigkeitsanstalten, aber sage mir nie ein Wort von Deinem Vermögen. Ich beziehe fünfzigtausend Thaler jährlicher Revenüen — das ist die Morgengabe, die ich Dir zubringe. Brauchst Du mehr noch, um ein unabhängiges Leben zu führen?

— Genug, Hermine; Deine Großmuth erdrückt mich! rief Woldemar, der eine solche Hingebung der Gräfin nicht erwartet, kaum für möglich gehalten hatte.

— Nenne nicht Großmuth, mein Freund, was aufrichtige, wahre Liebe ist. Ich kann ja gar nicht anders handeln. Man beneidet mich um meinen Reichthum . . . aber wie wenig vermochte er mich zu trösten, als Du in einer Deiner unbegreiflichen Launen mich verließest. Die glänzenden Räume meines Hotels waren öde und reizlos, was mir sonst Freude machte, widerte mich an . . . ich war traurig, elend inmitten des Luxus, der mich umgiebt. Und wie anders erscheint mir dies Alles heute, da mir die Aussicht geworden, daß Du es mit mir theilst. Weisest Du mich zurück, so bin ich wieder unglücklich . . . Aber was sinnst Du, Woldemar? Warum starrst Du so düster vor Dich hin, als ob Dich meine Herzensergießung kränkte?

— Du bist ein Engel, Hermine! rief der Baron hingerissen.

— Dir möchte ich es sein, um Dich glücklich zu machen.
— Und Du kannst es!
— Dann ist es so gut wie geschehen.
— Sei meine Gattin!
— Ich bin es!
— Und ich bin Dein Gatte, der Dich hochachtet und liebt.

Hermine hing an seinem Halse. Woldemar umschlang sie mit beiden Armen. Nachdem der erste Rausch der Zärtlichkeit und des Entzückens vorüber war, zog Hermine einen kostbaren Diamantring von ihrer Hand. Sie steckte ihn dem Verlobten an den Finger.

— Der arme Reif hat lange gewartet! flüsterte sie.
— Nimm den Ring meiner Schwester! rief Woldemar. Außer meiner Gattin ist keine würdig ihn zu tragen!

Beide saßen, stumm sich anblickend, in dem Sopha. Hermine's dunkles Auge strahlte die Glückseligkeit, die sie empfand. Ihr weißer, voller Arm ruhte auf der Schulter des Verlobten, der schmerzlich lächelte und ihre Hand von Zeit zu Zeit drückte. Da ließ sich ein dumpfes Geräusch in den Straßen vernehmen.

— Was ist das? fragte Hermine.

Woldemar lauschte.

— Trommelwirbel.

— Mitten in der Nacht?

— Es ist Feuer!

— Herr, mein Gott! Und wie der Wind brauſt!

Der Baron eilte zu dem Fenſter.

— Dort iſt der Horizont geröthet! rief er.

— Brennt es in der Nähe? fragte Hermine, die regungslos vor Schreck an ihrem Platze ſaß.

— Nein!

Nun ſchmetterten auch die Hörner der Gardejäger ihren Feuerruf durch die ſtillen Straßen. Die Wächter riefen dumpf: „Feuer! Feuer! Feuer!" Von den Thürmen herab erklangen die Sturmglocken. Die dem Hotel gegenüberliegenden Häuſer tauchten plötzlich, grell beleuchtet, aus der Finſterniß auf, daß man die einzelnen Theile derſelben deutlich unterſcheiden konnte. Die Schneedecke flimmerte röthlich weiß.

— Der Himmel ſei den armen Leuten gnädig! jammerte Hermine.

Jetzt ward an die Thür geklopft.

— Herein, Anna!

Die erſchreckte Zofe erſchien.

— Wo iſt der Brand?

Anna wußte es nicht. Die Zofe war ſo erſchreckt, daß ſie Schutz bei ihrer Herrin ſuchte.

— Ich muß fort! sagte Woldemar.

— Wohin?

— Der Dienst ruft.

— Wie lästig!

— Morgen reiche ich mein Entlassungsgesuch ein. Gute Nacht, Hermine!

Er küßte die Verlobte zärtlich.

— Wann sehen wir uns wieder? fragte sie flüsternd.

— Morgen, in einigen Stunden! Adieu!

Anna leuchtete ihm voran bis zur Ausgangsthür. Als er über den Platz schritt, seufzte er laut vor sich hin:

— Gott weiß, daß ich nicht anders konnte! Ich habe den schweren Schritt gethan, und wahrlich, Hermine hat ihn mir erleichtert. Meine Ehre ist gerettet!

Spritzen und Wasserwagen jagten an ihm vorüber. Der Brand kümmerte ihn nur wenig, er war mit sich und seiner Angelegenheit beschäftigt. Bald trat er in die nächste Straße. Leute, die Sachen fortschleppten, kamen ihm entgegen. Feuerfunken fielen zischend in die mit Schnee bedeckten Straßen. Trommeln wirbelten, Hörner heulten, Sturmglocken tönten. Und dazwischen sauf'te der Wind, der große Schneewolken aufwirbelte. Aus der Ferne hörte man den Hülferuf bedrohter Menschen. Die eben nicht breite Straße füllte sich rasch mit Fahrzeugen, Soldaten, Löschmannschaften und Neugierigen. Aus den Fenstern der Häuser riefen hier und da Stimmen ängstlicher Leute:

— Wo brennt's?

— Herr Gott, die furchtbare Feuersäule!

— Giebt denn Niemand Antwort?

— Wo brennt's?

Ein Wächter rief endlich:

— Das Hotel Eschenburg!

Woldemar hielt den Mann bei dem Rocke fest. Er wiederholte die Frage und erhielt dieselbe Antwort. Bestürzt blieb er einige Augenblicke stehen. Dann raffte er sich auf und brach sich Bahn durch die Menge. In der angrenzenden Straße lag sein Hotel. Das stattliche, wenn auch alterthümliche Gebäude mit seinen hohen Giebeln und Simsen stand in lichten Flammen. Einige der Nachbarhäuser waren bereits von der Glut ergriffen. Ein ungeheures Feuermeer, von dem Winde gepeitscht, wogte schnaubend in den schwarzen, schweren Schneehimmel empor.

— Das Hotel ist verloren! hörte man die Kommandanten rufen. Schützt die Nachbarhäuser, daß der Brand nicht um sich greift.

In dem Augenblicke, als Woldemar die Stufen der Freitreppe erreichte, stürzte einer der schweren Steingiebel herab. Die Masse zertrümmerte eine Feuerspritze und begrub mehre der arbeitenden Männer. Ein dumpfer

Schreckensruf ward gehört, der sich durch die ganze Straße fortsetzte. Die Aufmerksamkeit der Löschenden richtete sich nur auf die Nebenhäuser, das Hotel überließ man seinem Schicksale.

Woldemar befand sich auf der weiten Hausflur. Er rief nach seinem Diener. Christian antwortete nicht. Von der Treppe herab kamen mehre Personen, die dem Baron fremd waren. Sie verließen eilig das brennende Gebäude. Von der Straße aus wagte sich Niemand herein. Die Thüren der Zimmer des Erdgeschosses standen offen, sie waren theils zerschlagen; es war ersichtlich, daß man bemüht gewesen, Möbel zu retten. Ein Beamter der Assecuranz-Compagnie, der aus dem obern Stocke herabkam, erkannte den Besitzer.

— Herr Baron, rief er, folgen Sie mir, hier läßt sich Nichts mehr thun! Das Dach ist bereits eingestürzt, die Decke des ersten Stocks brennt; stürzt diese, was jeden Augenblick geschehen kann, so werden Sie mit dem Parterre verschüttet!

Der Beamte eilte auf die Straße.

— Gelingt es mir nicht, murmelte Woldemar vor sich hin, meine Papiere zu retten, so mag mich der Schutt meines Hauses begraben!

Er stürzte die Treppe hinan. Der Korridor des ersten Stocks, auf dem sich sein Zimmer befand, war mit dichtem

Rauche angefüllt, der das Athmen erschwerte. Der junge Mann achtete dessen nicht. Beide Arme ausgestreckt, schritt er weiter. Er öffnete eine Thür; sie führte nicht in das Zimmer, das er suchte. Rasch trat er auf den Korridor zurück. Die Decke desselben brannte hier und dort. Es fiel Kalk, Asche, Schutt und Feuer herab. Ein dumpfes Zischen und Knistern ließ sich vernehmen. Durch die zertrümmerten Fenster hörte man den Tumult in der Straße. Woldemar erreichte sein Zimmer. Die Thür stand offen. Er trat in das Vorgemach. Ein Mann, mit Schutt und Asche bedeckt, kam ihm entgegen.

— Fort, rief er, oder Sie sind verloren!

— Halt! donnerte ihn Woldemar an. Woher kommen Sie?

— Von dort!

— Wer sind Sie? Was haben Sie in jenem Zimmer gethan? Wer sind Sie?

Zugleich hielt er den Menschen, dessen Gesicht der Rauch geschwärzt hatte, gewaltsam fest.

— Ich gehöre, antwortete dieser, der Rettungs-Compagnie an. Es giebt Nichts mehr zu retten. Die Möbel sind auf die Straße geworfen. Lassen Sie mich . . . die Decke brennt . . . sie muß gleich stürzen. Wenn Ihnen das Leben lieb ist, verlassen sie das Haus.

Er wollte sich losreißen. Woldemar, einen Raub argwöhnend, schleuderte ihn in das Zimmer zurück. Sein erster Blick fiel auf den Schreibtisch. Die Kasten des schweren Möbels waren erbrochen. Es ließ sich dies bei dem hellen Scheine, der durch die Fenster drang, erkennen. Einzelne Papiere lagen zerstreut auf dem Boden. Sämmtliche Möbel standen in der gewohnten Ordnung. Woldemar griff nach einem geheimen Fache in seinem Schreibtische. Es war gewaltsam erbrochen; das Portefeuille, das er suchte, das seine Familienpapiere enthielt, war verschwunden. Laut aufschreiend sah er um sich. Außer ihm war Niemand mehr in dem Zimmer. Der Fremde war entflohen. Woldemar griff nach seinem Säbel, der an dem Schreibtische lehnte. Die blanke Klinge in der Hand stürzte er dem muthmaßlichen Diebe nach. Er sah die Gestalt in dem Rauche auf dem langen Korridor. Sie ging langsam, zögernd, als ob sie fürchtete, einen gewissen Punkt zu überschreiten. Woldemar fühlte die Wirkung des erstickenden Qualmes, der von allen Seiten hereinzog. Sein Athem ging schwer, alle seine Glieder zitterten, vor seinen Augen bildete sich ein Schleier. Aber fort mußte er, die Papiere galten ihm eben so viel als sein Leben, und jener Fremde trug sie unzweifelhaft mit sich fort. Dort sah er ihn beim Aufprasseln einer Flamme. Alle Kraft zusammennehmend, schwankte er weiter. Der Rauch ward dichter, er erstickte ihn fast. Er wollte rufen, aber die Stimme versagte ihm.

Um nicht niederzusinken, stützte er sich auf den Säbel. Noch wenig Schritte, und er hatte den Dieb, der ebenfalls dem Rauche zu erliegen schien, erreicht. Da zitterten und dröhnten die Mauern, ein Windstoß heulte über den Korridor... das Gebälk krachte... Tageshelle flammte auf wie ein jäher Blitz... dann erfolgte ein furchtbarer, das Gebäude in seinen Grundfesten erschütternder Schlag... Woldemar stand wie gebannt... vor ihm brach die Decke zusammen... ein Schwall von Balken, Steinen und Feuer stürzte krachend herab... der Fußboden wankte. Ein scharfer Luftstrom vertrieb den Rauch. In dem nächsten Augenblicke schon drang eine glühende Hitze heran, die den Baron zur Umkehr zwang. Instinktmäßig schwankte er den Weg zurück, den er gekommen war. Der Dieb mußte zerschmettert unter dem Schutte liegen.

Der ganze rechte Flügel des Hotels stand nun bis auf den Grund in Flammen. Der linke, in dem sich Woldemar befand, konnte nicht lange mehr verschont bleiben, denn der Einsturz der Decke kündigte sich bereits durch das unheimliche Knistern und Abbröckeln der Bekleidung an. Von rechts zehrte die Glut, durch den Wind angefacht, rasch weiter. Die Flammen loderten auf wie aus einem Hochofen. Die nächsten Minuten mußten das Schicksal des Unglücklichen entscheiden, der sich in dem halb eingeäscherten Hause befand. Die frische Luft, der ein zertrümmertes

Fenster den Eingang gestattete, kühlte das brennende Gesicht Woldemar's, der sich in diesem Augenblicke der Größe der Gefahr völlig bewußt war.

— Was liegt mir am Leben? rief er aus, düster in die Glut starrend. Welche Zukunft wartet meiner? Dem Theuersten auf dieser Welt habe ich entsagen müssen, weil die Verhältnisse mich zu erdrücken droheten. Emmy, Emmy, Du mußt mich wohl für einen Verräther halten! Aber nein, nein... Deinetwegen darf ich nicht sterben! Wo habe ich denn meine Sinne? Emmy fordert, daß ich nicht plötzlich aus dieser Welt scheide, und meine Ehre fordert es! Sind die Papiere auch vernichtet, die ich suchte? Der Dieb kann entkommen sein, kann seinen Raub benützen. Wer vertheidigt mich? Wer vertheidigt meine Schwester? Es ist mir Pflicht, daß ich dem Tode zu entrinnen suche!

Diese Gedanken hatten plötzlich einen Entschluß in ihm festgestellt. Er eilte zu dem Fenster, das nach dem schmalen Hofe hinausging. Das brennende Nachbarhaus hatte die Menschen, die retten wollten, aus diesem Hofe vertrieben. Von der Straße aus sandten die Spritzen ihren Wasserstrahl in das gegenüberliegende Gebäude. Das Hotel hatte man als unrettbar aufgegeben. Woldemar's Hülferuf ward von dem Prasseln der Flammen, dem Rauschen und Zischen des emporgeschleuderten Wassers und dem

Tumulte in der Straße übertönt. Er sah hinab. Die Höhe der Etage erlaubte einen Sprung nicht. Und wenn dieser Sprung auch gelänge, so drohete dem, der sich in dem Hofe befand, sicherer Tod durch die rasch herabstürzenden Ziegeln, Steine und Balken. Maurer und Zimmerleute rissen das angrenzende Haus ein, um der Glut neue Nahrung zu entziehen. Woldemar hatte dies Alles mit raschem Blicke erfaßt. Er wandte sich zurück. Der Korridor brannte. Ueber ihm brauste es, als ob ein Strom sich über das Gebäude ergösse. Der Zugwind öffnete und schloß die Thüren. Aus einzelnen Zimmern quoll Rauch hervor. Das Verbleiben auf dem Korridor ward mit jeder Minute gefährlicher. Der Bedrohete suchte ein Zimmer zu erreichen, das nach der Straße hinausging. Die Decke desselben war bereits theilweise eingestürzt; Hitze und Rauch trieben den armen Baron zurück. Er trat wieder auf den Korridor hinaus. Die Hitze war unerträglich. Luft zum Athmen war kaum noch vorhanden. Woldemar riß eine Thür auf. Das Zimmer, das er betrat, war dunkel. Ein Hoffnungsstrahl blitzte auf. Woldemar erinnerte sich, daß in dieser finstern, seit lange Zeit nicht benutzten Kammer sich eine Treppe befand, die zu den Domestikenzimmern im Erdgeschosse führte. Seit dem Tode des alten Barons war weder die Kammer, noch die Treppe geöffnet, da Woldemar mit seiner Schwester ein sehr einfaches Leben geführt hatte. Durch die Thür fiel der Feuerschein in den schwarzen Raum, der mit verschiedenem Geräthe angefüllt war. Die Klappe in dem Fußboden stand offen. Es mußte also diesen Weg schon Jemand benutzt haben. Der vom Feuertode bedrohete Baron dachte nicht weiter über diesen Umstand nach, er eilte die schmalen Stufen hinab und kam in das Erdgeschoß, das von den Flammen noch nicht ergriffen war. Er befand sich in dem geräumigen Zimmer, das der alte Christian zur Aufbewahrung der Waffen seines Herrn benutzte. Da die Läden der Fenster geschlossen, war es stockfinster.

Ein neuer Einsturz machte das Haus erbeben. Rufen und Schreien in der Straße begleiteten das entsetzliche Getöse, das mit Zischen, Heulen und Prasseln endigte. Das Zimmer füllte sich mit Rauch, der dem Baron das Athmen erschwerte. Und immer noch konnte er keinen Ausweg finden. Die Hände, die sich suchend ausstreckten, berührten die feste, undurchdringliche Wand. Es war, als ob ein starkes Gefängniß den Unglücklichen einschlösse, dessen Fassung und Kraft nach und nach schwanden. Er machte noch einen letzten Versuch, die Thür zu finden. Da berührte seine Hand einen Degen. Hastig riß er die Waffe von der Wand herab. Der Gedanke stieg in ihm auf, lieber rasch seinem Leben ein Ende zu machen, als langsam zu ersticken oder sich durch das herabstürzende Gebälk verstümmeln zu laffen. Und was lag ihm auch an der Erhaltung des Lebens, das ihn um die schönsten Hoffnungen betrogen hatte? War er nicht ein Spielball der Verhältnisse geworden? Hatte er sich nicht der koketten Gräfin versprochen, versprechen müssen, um nicht zum Betrüger zu werden? War ihm dadurch der Weg zu Emmy nicht abgeschnitten, dem Mädchen, das er wahr und aufrichtig liebte? Alle diese Gedanken schossen wie Blitze durch seinen Kopf. Da sah er in dem schwachen Schimmer, der durch die Oeffnung der Treppe herabfiel, eine Gestalt durch das Zimmer huschen. Er glaubte, es sei Täuschung . . . aber die Gestalt erschien zum zweiten Male. Sie suchte, es war nicht zu verkennen, einen Ausgang zu gewinnen. Jetzt gelang es ihr, eine Thür zu öffnen. Ein heller Feuerschein drang in das Zimmer. Die Gestalt, es war die eines Mannes, schwankte zurück. Woldemar glaubte den Dieb zu erkennen, den er in seinem Zimmer angetroffen hatte. Die Papiere waren wichtig genug, um einen Versuch zur Wiedererlangung derselben zu wagen. Woldemar eilte dem Manne nach, dessen Gesicht von Feuer und Rauch geschwärzt war. Seine Kleider waren an verschiedenen Stellen verbrannt. Als er den blanken Degen in der Hand des Barons sah, suchte er sich über die Treppe zu retten. Brennende Balken versperrten den Ausgang. Der Mann sprang zurück und wollte seinem Feinde den Degen entwinden. Woldemar rang mit ihm. Es standen sich zwei starke Männer gegenüber. Während dieses Kampfes schlugen die Flammen durch die Thür herein und von der Treppe herab. Auf der Decke hörte man das Gepolter des Schuttes, der aus dem brennenden obern Stockwerke herabfiel. Die Kämpfenden kümmerten sich darum nicht. Die Gefahr der Verschüttung mehrte sich mit jedem Augenblicke. Der Brand hatte bereits das Erdgeschoß ergriffen. Rings um das Zimmer wogte ein Feuermeer. Ein gräßliches Getöse ließ sich von allen Seiten vernehmen. Die Hitze ward unerträglich.

Woldemar hatte nur den einen Gedanken: den an die Rettung seiner Papiere. Der Dieb, ein starker und gewandter Mann, hatte ihm bereits den Degen entwunden.

— Denken Sie an Ihre Rettung! stöhnte der Fremde, indem er beide Hände seines Gegners so fest hielt, daß sie sich nicht bewegen konnten. Das Haus stürzt zusammen!

Der Baron wollte den Furchtbaren abschütteln. Sein Bemühen war vergebens.

— Schurke, Du wirst mit mir sterben!

— Und welcher Gewinn würde Ihnen?

Woldemar wollte sich losreißen, um eine neue Waffe von der Wand zu holen. Der Fremde errieth seine Absicht; er hielt ihn mit beiden Armen fest umklammert. Einer fühlte den heißen Athem des Andern. Die starren Blicke begegneten sich. Brust klopfte an Brust. Lodernde

Flammen beleuchteten diese furchtbare Scene. Das Gebälk des großen Hauses krachte hier und dort. Von der hohen Decke herab fielen Kalk und Steine. Die Wand, welche das Zimmer von dem angrenzenden schied, borst. Neue Flammen prasselten herein. Man hörte das Sausen und Zischen des Wassers, das die Spritzen in den Feuerherd schleuderten.

— Wir sind beide verloren! rief der Fremde.

— Mir liegt am Leben nichts ohne die Papiere, die Du gestohlen! Gieb mir das Portefeuille zurück, und Du magst Dich retten.

— Nein, nein!

— Die Papiere, Elender!

— Ich bin der Stärkere.

Der Fremde machte eine gewaltige Anstrengung, den Baron in die Flammen zu schleudern. Dieser aber klammerte sich ihm so fest an, daß er mit ihm zu Boden sank. Beide lagen neben dem Degen auf den Knieen. Der Baron hätte ihn erreichen können, wenn einer seiner Arme frei gewesen wäre. In derselben Lage befand sich der Dieb, der sich vergebens abmühte, die Waffe zu ergreifen.

— Versuchst Du es, rief Woldemar, mit dem Raube zu entfliehen, so durchbohre ich Dich!

— Ich besitze kein Portefeuille!

— Leugne nicht! Leugne nicht!

Ein Theil der Decke, der nach dem Innern des Gebäudes zu lag, stürzte prasselnd ein. Die Kleider der Kämpfer fingen an zu brennen.

— Genug, genug! rief der Fremde.

— Bist Du endlich zur Einsicht gelangt?

— Nehmen Sie Ihr Portefeuille.

— Wo ist es?

In meiner Brusttasche!

Der Dieb schien die Besinnung zu verlieren. Woldemar bemächtigte sich des Portefeuille's, dessen Rand er in der Tasche des zerrissenen Oberrocks seines Gegners bemerkte. Zugleich aber griff er mit der rechten Hand nach dem Degen. Zu Verhandlungen blieb keine Zeit mehr. Der Dieb suchte vergebens nach einem Rettungswege. Auch Woldemar mußte darauf bedacht sein, wenn er nicht ersticken wollte.

— Herr Baron, rief der Fremde, wir sind verloren!

— So scheint es!

— Hören Sie ein Geständniß von mir ...

Er drängte sich an die Seite des jungen Mannes.

— Was haben Sie mir zu gestehen? fragte Woldemar.

— Die Gräfin von W. strebt nach diesen Papieren.

— Hermine?

— Sie hat mir tausend Stück Ducaten geboten.

— Hermine?

— Das Feuer in Ihrem Hotel ist angelegt.

— Wer, wer ist der Brandstifter?

Hitze und Rauch verhinderten die Fortsetzung des Gesprächs. In diesem Augenblicke drangen starke Wasserstrahlen in das angrenzende Zimmer, dessen Wand immer weiter zusammenbrach. Auf Augenblicke erlosch das Feuer unter der Wucht des Wassers, das massenhaft in das Gebäude geschleudert wurde. Das Geständniß des Diebes und der Besitz der wichtigen Papiere hatten in Woldemar den Lebenstrieb wieder angefacht. Ihm lag jetzt Alles daran, dem Tode zu entrinnen, der hier seine heißen Arme von allen Seiten ausstreckte. Aber wo war ein Rettungsweg? Der Dieb zeigte ihn, der wie ein Verzweifelnder in den von dem Wasserstrahle beherrschten Raum sprang und dann verschwand. Dem Baron blieb Nichts, als diesem Beispiele zu folgen. Nachdem er das Portefeuille fest auf die Brust geknöpft, stürzte er sich in die Wassermasse, die ihn bis auf die Haut durchnäßte. Die Gewalt des Strahles schleuderte ihn zu Boden. Er raffte sich wieder empor. Das eiskalte Wasser erfrischte seine Lebensgeister. Bald erreichte er das zerschlagene Fenster. Da traf ein gewaltiger Wasserstrahl seine Brust, der aus einer Dampfspritze in die Glut geschleudert ward. Der Unglückliche taumelte zurück. Er sah um sich: es gab keinen andern Weg zur Freiheit als den durch das Fenster.

— Halt! brüllte in der Straße eine Stimme.

— Was giebt's?

— Hemmt die Thätigkeit der Spritze.

— Warum?

— Ich habe einen Menschen in dem brennenden Gebäude gesehen. Das Wasser hindert ihn, in die Straße zu gelangen. Halt! Halt!

Der Strahl erlosch.

— Rettungsmannschaften! riefen Stimmen.

— Der Giebel stürzt! Er schwankt schon!

Ein dumpfes Krachen deutete an, daß der Sturz wirklich erfolgte. Das Hotel war in eine schwarze Rauchwolke eingehüllt. Schreckensrufe folgten der erschütternden Katastrophe. Die noch vor einigen Sekunden taghelle Straße war völlig dunkel. Ruhig fiel der dichte Schnee auf die Brandstätte herab.

In diesem Augenblicke schwang sich ein Mann von der Straße durch die Fensteröffnung, deren Steinbogen dem Einsturze getrotzt. Zwei Minuten später erschien er wieder auf die Brüstung; er trug den Baron in den Armen.

— Helft mir doch! rief er mit starker Stimme.

Das Erdgeschoß, in dem sich das Fenster befand, war ziemlich hoch. Die Arme, die sich von unten ausstreckten, empfingen den leblosen Baron. Der Mann sprang ihm nach. Unten angekommen, nahm er den Geretteten und brach sich Bahn durch die Menge. Man hinderte ihn nicht, er vollbrachte ja ein gutes Werk. Beifallsrufe begleiteten ihn. Mit dem Einsturze des Hotels verlor der Brand an Heftigkeit. Die angrenzenden Häuser wurden eingerissen und der Herd selbst mit Wasser und Schnee überschüttet. Als der Morgen grauete, war das Hotel Eschenburg ein rauchender Schutthaufen. In der Stadt verbreitete sich das Gerücht, der junge Baron habe bei dem Brande sein Leben verloren.

Zweites Kapitel.

Der alte Herr.

Der Graf von H*ahn* hatte seine Rekruten, wie er Klara und Friedemann nannte, glücklich nach M. gebracht. Es war spät in der Nacht, als die Post die kleine Residenz erreichte. Die Passagiere nahmen in dem Hotel Zimmer, das der Graf bewohnte. Zur Aufklärung der Leser müssen wir einige Worte über die Stellung des Grafen sagen. Der alte Herr war eigentlich Director einer reisenden Gesellschaft, die er mit Hülfe seines Vermögens, das die Welt als ein enormes bezeichnete, auf einen glänzenden Standpunkt gebracht. Er war mit Leib und Seele Bühnenlenker. Das Theater war nicht nur sein Steckenpferd, es war sein Lebenselement. Aerger und Verdruß, anstrengende Reisen und Geldkosten kühlten seine Leidenschaft, Opern und

Schauspiele zu geben, nicht ab; je mehr sich ihm der Hindernisse boten, gute Vorstellungen zu Stande zu bringen, je größer wurde sein Eifer. Für diesen Winter hatte er mit dem Hofe in M. abgeschlossen. Er empfing eine mäßige Subvention an Gelde, benutzte das schöne, neuerbaute Theater und die tüchtige Kapelle, und gab dagegen eine gewisse Anzahl von Vorstellungen, die manchem großen Theater zur Ehre gereicht haben würden. Die Einnahmen standen selten im Einklange mit den Ausgaben; die Privatkasse des Kunstenthusiasten, man konnte den Grafen wohl so nennen, mußte oft erkleckliche Zuschüsse leisten. Dem Director war kein Opfer zu groß, wenn es sich um eine neue Oper oder um ein neues Schauspiel handelte; die Stücke wurden mit fürstlicher Pracht vom Stapel gelassen, wie der alte Herr sich ausdrückte. Um diese Zeit, als Friedemann zu ihm kam, hatte die Familie des Grafen Protest gegen die Verschwendung erhoben, und es blieben nicht selten die Summen aus, die er gefordert hatte. Dann nahm der Director Extrapost, reis'te auf seine Güter und kam mit voller Kasse zurück. Auf einer solchen Reise machten wir die Bekanntschaft des Directors, dieses seltenen Mannes mit dem ewig jugendlichen Humor. Das Engagement des jugendlichen Liebhabers gehörte zu den kleinen Reiseabenteuern, die der Graf nicht minder liebte, als das Theater selbst. Für die ersten Fächer zog er namhafte

Künstler heran, und man weiß, daß er bei verschiedenen Gelegenheiten Gehalte gezahlt, wie sie nur eine königliche Kasse gewährt. Bescheidene Künstler, namentlich in Bezug auf Geld, findet man nicht häufig.

Der Graf sorgte väterlich für die beiden jungen Leute. Er speis'te mit ihnen und führte sie nach Tische auf ihre Zimmer. Gleich nach der Ankunft erfuhr man, daß Engelbrecht verreis't sei.

— Da haben Sie's! sagte der Director zu Klara.

— Was?

— Ihr Vater verschwindet oft auf drei oder vier Tage ohne meine Erlaubniß; ja er fragt mich nicht einmal. Er geht und kommt nach Belieben.

— Wohin geht er? fragte die erstaunte Tochter.

— Niemand weiß es. Soviel ich auch frage, ich erhalte stets eine ausweichende Antwort oder gar keine. Wie störend derartige Künstlerlaunen auf das Repertoir wirken, können Sie denken. Ich hoffe, das schöne Klärchen wird den Rappelkopf zur Raison bringen. Schade um das schöne, herrliche Talent.

Am folgenden Morgen trat der Director in Schlafrock und Pantoffeln in Friedemann's Zimmer. Er rauchte aus einer langen Pfeife wohlriechenden Knaster. Der angehende Schauspieler lag noch im Bette.

— Guten Morgen!

Friedemann wollte aufspringen.

Der Director streckte pathetisch die Hand aus, indem er sagte:

— Gieb' dich zur Ruh', bewegt' Gemüth!

Dann ließ er sich auf dem Stuhle neben dem Bette nieder und betrachtete wohlgefällig den schönen Kopf seines jugendlichen Liebhabers, dessen schwarzes Haar in Papier gewickelt war. Friedemann besorgte seine Frisur selbst mit einer Geschicklichkeit, die mancher Haarkünstler nicht besaß.

— Wie steht es mit Ihrem Passe, Freund?

— Ich habe keinen Paß.

— Das ist schlimm. Die hiesige Polizei ist streng. Ohne Paß giebt es keinen Menschen, nur ein Individuum. Ich hoffe indeß, daß es mir gelingen wird, Sie zum Menschen zu machen. Nun aber, Verehrter, nehmen Sie mir eine Bemerkung nicht übel.

— Bemerken Sie, Herr Graf! sagte Friedemann, indem er seinen Kopf in die Hand stützte. Bestimmen Sie über mein Schicksal, ich vertraue mich Ihnen an.

— Sie können Ihren Namen „Albers" nicht behalten.

— Warum?

— Denken Sie sich, wenn auf dem Theaterzettel steht: Romeo ... Herr Albers. Das klingt doch zu prosaisch. Albers, Albers! Im gewöhnlichen Leben kommt es freilich auf den Namen nicht an; aber bei einem Künstler sieht man darauf. Glauben Sie mir, ich huldige nicht etwa einem Vorurtheile … meinetwegen könnten Sie Tippelskirch oder Ziegenbalg heißen … aber das Publikum, und vorzüglich die Damen, die an einem jugendlichen Liebhaber das größte Interesse nehmen, verlangen einen wohlklingenden, poetischen Namen.

— So taufen Sie mich um.

— Wie wäre es, wenn Sie als Herr „Frank" aufträten.

— Gut, ich heiße also Frank.

— Hermann Frank! Unter diesem Namen melde ich Sie der Polizei und übernehme Ihre Vertretung. Hier ist das Buch von Romeo und Julie. Studiren Sie, der Romeo wird Ihre erste Rolle sein. Fräulein Engelbrecht spielt selbstverständlich die Julie. Damit Sie nun sehen, daß ich es wirklich gut mit Ihnen meine, gebe ich Ihnen, dem Bühnenneuling, einige Regeln.

Der Director brachte seine dem Erlöschen nahe Pfeife wieder in Brand, daß sich das eben nicht große Zimmer mit Rauch füllte, zog den Schlafpelz fester um die Schultern und begann:

— Herr Frank, man pflegt zwar zu sagen, Träume sind Schäume; aber mitunter hat man doch recht verrätherische Träume. Sie wissen, daß ich Sie im Postwagen, ohne es zu wollen, belauscht habe. Da hörte ich den Namen „Antonie".

Herr Frank lächelte.

— Das ist wohl möglich! Ich erinnere mich des Traumes nicht mehr, trotzdem er mein Glück machte.

— Lieben Sie eine gewisse Antonie? fragte mit schlauen Blicken der alte Herr.

— Nein, nein! rief der junge Mann, der sein Herzensgeheimniß nicht preisgeben wollte.

— Desto besser.

— Ich weiß überhaupt nicht, wie ich auf den Namen gekommen bin . . .

— Das beruhigt mich.

— Aber, Herr Graf, wie soll ich mir Ihre Worte deuten? Hat irgend eine Antonie ein besonderes Gewicht in Ihren Augen?

— Durchaus nicht, mein junger Freund! Alles, was ich Ihnen sage, hat nur den Zweck, Sie auf Ihren neuen Stand vorzubereiten. Sie gefallen mir, ich meine es gut mit Ihnen, und, ich will es nicht verhehlen, ich verspreche mir Vortheil von Ihnen . . . nicht etwa pekuniären Vortheil, ah bah, das Geld ist mir Nichts; aber Vortheil bezüglich meiner Vorstellungen, denen die größte Vollendung zu geben meine Lebensaufgabe ist. Sie müssen wissen, daß ich der Kunst bedeutende Opfer gebracht habe und noch täglich bringe. Ich bringe sie gern, diese Opfer, vorzüglich wenn ich Erfolg sehe. Doch, um mich Ihnen ganz verständlich zu machen, werde ich Ihnen das Schicksal Ihres Vorgängers erzählen, den Sie bald kennen lernen werden. Sie begreifen dann, daß ein jugendlicher Liebhaber, vorzüglich wenn er ein hervorragendes Talent besitzt, auf einem sehr gefährlichen Boden wandelt. Frauen, deren zarte Hände Ihnen Beifall zollen, wenn Sie mit Virtuosität auf der Bühne sterben, oder sich glücklich verheirathen, sind stets bereit, Sie zu lieben. Ich komme also auf Ihren Vorgänger zurück. Vor fünf Jahren fand ich einen jungen Mann, der, wie Sie, alle Eigenschaften zu einem vortrefflichen Liebhaber besaß. Er hatte einen weißen Teint, große blaue Augen, schwarzes Haar, einen schönen Schnurrbart, feine Hände und war köstlich gewachsen. Sein Organ und die Art und Weise des Vortrags ließen Nichts zu wünschen übrig. Diesen Liebhaber lernte ich auf der Reise kennen, wie ich Sie kennen gelernt habe. Ich nahm ihn mit mir. Durch die Erfahrung belehrt, predigte ich ihm die Moral über die Frauen, wie ich sie Ihnen jetzt predige. Mein Regisseur, Sie werden ihn bald schätzen lernen, bildete den jungen Mann aus und Alles ging vortrefflich. Wir spielten damals in einem großen Seebade, das vorzüglich von nervenschwachen Damen besucht wird. Es ist ein Luxusbad, in dem sich die hohe Aristokratie versammelt. Mein

Liebhaber hatte bis zu seinem ersten Auftreten still seinen Studien gelebt und Niemand nahm Notiz von dem bescheidenen jungen Manne. Endlich erschien er auf der Bühne. Der Zufall wollte, daß an jenem Abende schlechtes Wetter war, ein für den Director günstiger Umstand ... Die Kurgäste hatten sich zahlreich eingefunden, vorzüglich die Damen. Der Debütant machte im wahren Sinne des Wortes Furore; er entzückte durch seine schöne Gestalt, durch sein klangvolles Organ und durch seinen natürlichen Anstand. Man applaudirte, man rief ihn heraus und warf ihm selbst Blumen zu. O, es war ein Festabend, wie ihn das Theater jenes Bades lange nicht gesehen hatte. Der glückliche Liebhaber weinte Freudenthränen an meiner Brust und nannte mich seine Vorsehung auf Erden. Nun will ich konfidentiell die Bemerkung einfließen lassen, daß Herr St. zwar einen schönen, aber durchaus nicht einen geistreichen Kopf besaß, der gute Mann war, wie ich später zufällig erfahren, Barbier gewesen.

— Barbier? rief Friedemann erstaunt.

— Bartkünstler. Sie erklären sich nun, woher die schöne Hand kam, die heute noch bewundert wird. Seife konservirt die Haut und das Scheermesser macht keine Schwielen. Also zur Sache: Herr St. besaß ein glückliches Imitationstalent und war auch sonst empfänglich für die Lehren, die man ihm gab. Wer ihn auf der Bühne sah, mußte ihn für einen fein gebildeten Mann halten. Niemand läßt sich leichter täuschen, als die Frauen, selbst die geistreichen; sie vergessen, daß der Mann, der schöne Phrasen von Liebe, Treue und Aufopferung auf der Bühne spricht, der schmachtet, jammert, Held wird und sich für die Geliebte, die er als einen Engel preis't, todtschlagen läßt, den Schädel zerschmettert oder Gift nimmt, daß dieser Mann nur Komödie spielt und nicht seine eigenen Empfindungen und Anschauungen zu Markte bringt. Die jungen Mädchen sehen in ihm ein Ideal und die verheiratheten Frauen stellen Vergleiche zwischen ihren Männern und diesem Liebhaber an . . . Daß diese Vergleiche zum Nachtheile der Männer ausfallen, vorzüglich bei nervenschwachen Frauen, brauche ich wohl nicht zu erwähnen. Nachdem Herr St. zweimal aufgetreten, war er der Löwe des Bades. Man sandte ihm anonyme duftende Briefchen und strahlende Blumen. Meine Kasse machte gute Geschäfte; das Theater war überfüllt, so oft der Name meines Liebhabers auf dem Zettel stand. Dies war mir nun außerordentlich lieb, aber ich mußte mich doch über das Publikum wundern, über das feine Badepublkum, das von den Leistungen eines Anfängers so elektrisirt ward. Es konnte nicht fehlen, daß sich Herr St. bald für einen großen Künstler hielt; er ward übermüthig, und später auch mir gegenüber, dem er sein Glück verdankte. Auf der Bühne zeigte er sich nachlässig und im Studiren neuer Rollen war er entsetzlich faul. Ich machte ihm sanfte Vorwürfe, und er versprach Besserung. Nun trat ein Ereigniß ein, das verhängnißvolle Folgen hatte. Der Liebhaber nahm eines Tages ein Seebad. Das Glück wollte, daß er beinahe verunglückte.

— Das Glück?

— Sie werden mir beipflichten, gedulden Sie sich nur einige Augenblicke. Man zog den Schauspieler halbtodt aus dem Meere. Mit Windesschnelle verbreitete sich die Trauerpost durch das Bad. Herr St. ist ertrunken! hieß es. Es war gerade zur Zeit des Morgenspaziergangs. Als ich mich in der Promenade sehen ließ, ward ich von allen Seiten gefragt. Ich selbst wußte noch Nichts. Die Damen erbleichten, die Männer lächelten. Ich eilte nach dem Orte des glücklichen Unglücks ... mein Liebhaber ward von einem Arzte behandelt; er schlug gerade die Augen auf, als ich zu ihm trat. Ich muß gestehen, der bleiche Mann mit den feuchten Haaren war sehr schön. Wäre ich eine Frau gewesen, ich hätte mich in ihn verlieben können. Die Sache verlief gut: Herr St. kam zu sich, stand auf, trank ein Glas Wein und ließ sich in einer Sänfte nach Hause tragen. Schon am folgenden Tage konnte er ausgehen und drei Tage später betrat er die Bühne wieder. Man empfing den vom Tode Erstandenen nicht wie einen Menschen, sondern wie einen Gott. Kränze mit und ohne

Atlasbänder flogen auf die Bühne, das Beifallsrufen wollte kein Ende nehmen. Herr St. dankte tief gerührt und trocknete mit einem weißen Tuche seine Thränen. Man sagt, einige der nervenschwachen Damen hätten mit ihm geweint. Nach beendigter Vorstellung brachte ihm das Badeorchester eine Serenade. Sehen Sie, Freund, solche Dinge müssen dem Schauspieler zu Hülfe kommen, wenn er rasch berühmt werden soll. Er muß einmal abbrennen, in den Flammen halb ersticken, mit dem Pferde stürzen oder siegreich aus einem Duelle hervorgehen . . . hier hatten sich die salzigen Fluthen zur rechten Zeit eingestellt. Die nächste Folge davon war, daß der jugendliche Liebhaber mich eines Tags fragte:

„— Kennen Sie die Gräfin W.?

„— Warum? fragte ich erstaunt.

„— Ich möchte Näheres über sie wissen.

„— Die Gräfin ist eine junge, sehr reiche Wittwe, lebenslustig bis zum Uebermuthe und nicht selten tückisch wie ein Kobold. Man erzählt, daß zwei Gardeoffiziere sich ihretwegen im Duelle verstümmelt hätten. Dem Einen sei der Arm, dem Andern sei die Kinnlade zerschossen. Der Einarmige flucht und wettert auf die Gräfin, und der im Gesicht Verwundete würde mit einstimmen, wenn der Verlust der linken Kinnlade ihm das Fluchen nicht untersagte. Den Einen verschmähete die Gräfin, weil ihm der Arm, den Andern, weil ihm ein Backen fehlte. Wer kann es der Dame verargen? Ein Mann, der keine gesunden Glieder besitzt, ist Nichts, ist ein altes Weib. Man erzählt noch verschiedene Dinge von der Gräfin, die beweisen, daß sie eine höchst gefährliche Person ist, und nennt sie allgemein einen weiblichen Don Juan, der boshaft über seine Opfer lächelt.

„— Unmöglich! rief der Liebhaber.

„— Was ist unmöglich?

„— Man verleumdet die Dame.

„— Nein, mein Bester, man spricht die volle Wahrheit.

„— Die Gräfin ist die Liebenswürdigkeit selbst, und ihr heiteres Wesen . . .

„— Verdeckt ein tückisches, boshaftes Gemüth! Hüten Sie sich vor der Wittwe!

Der jugendliche Liebhaber verließ mich mit einer Miene, die deutlich genug verrieth, daß meine Warnung auf unfruchtbaren Boden gefallen. Und wahrlich, ich hatte mich nicht getäuscht. Die Veränderungen, die ich an dem jungen Mann wahrnahm, erfüllten mich mit ernsten Befürchtungen. Seine Munterkeit schwand, er ward träge, gleichgültig und entsetzlich blaß.

— So liebte er wohl die Gräfin? fragte Friedemann.

— Er liebte sie bis zur Raserei.

— Das war eben kein Unglück.

— So meinte auch Herr St., denn er wähnte sich wiedergeliebt. Der Thor, der Narr, der Dummkopf, der stolz auf seine Schönheit war! Daß dieser Gemüthszustand auf sein Spiel nachtheilig wirkte, läßt sich denken. Er machte nicht nur keine Fortschritte, er machte sogar Rückschritte. Sein schönes Organ verlor den Klang und sein blühendes Gesicht ward farblos und hager. Ja, mein Bester, rief der Graf ironisch, eine junge, reiche und schöne Wittwe ist gefährlich! Wenn ein jugendlicher Liebhaber auf der Bühne erscheinen will, muß er im wirklichen Leben so wenig als möglich Liebhaber sein. Ich will nicht sagen, daß er die Frauen hassen soll, nein ... aber er muß so viel Selbstbeherrschung besitzen, daß er ihren Schlingen ausweichen kann. Die Frauen, die Frauen ... ich habe sie in allen Nüancen kennen gelernt, und war kein jugendlicher Liebhaber.

Der alte Herr zündete noch einmal seine Pfeife an, dann fuhr er fort:

— Zum Glücke ging die Saison zu Ende. Ich reis'te mit meiner Gesellschaft nach R. Von diesem Ortswechsel hoffte ich Gutes für meinen Liebhaber, der bei seinem ersten Auftreten wiederum Glück machte. Aber schon nach kurzer Zeit sah ich, daß ich mich arg getäuscht hatte. Eines Abends berichtete mir der Theaterdiener, daß die schöne Gräfin sich in der Mittelloge befinde. Ich lugte durch die

Klappe im Vorhange, und richtig, da saß das reizende Weib, strahlend vor Wonne und Lust. Ihr schöner runder Arm, der aus einer Wolke von Spitzen hervorsah, lag nachlässig auf der mit rothem Sammet beschlagenen Logenbrüstung. Die zierliche, gelb gantirte Hand hielt mit köstlicher Koketterie ein feines goldenes Lorgnon. Die fremde Dame erregte die Aufmerksamkeit der Männer und den Neid der Frauen, die sich in Vermuthungen und Annahmen erschöpften.

Wir gaben an jenem Abende Maria Stuart; Herr St. spielte den Mortimer.

Ich trat zu ihm in die Garderobe. Er stand vor dem Spiegel und legte Roth auf die bleichen Wangen.

„— Wie geht es Ihnen, mein Freund?

„— Gut, recht gut.

„— Das Haus ist stark besetzt; sind Sie disponirt zum Spielen?

„— So vortrefflich, wie seit langer Zeit nicht. Der Katarrh ist verschwunden, mein Organ klingt stark und voll.

Dabei drehte er lächelnd die Spitzen seines schwarzen Schnurrbarts.

Ich verstand dieses Lächeln.

„— Freund, sagte ich, die Gräfin von W. ist im Theater.

„— Ich weiß es! antwortete Mortimer, indem er das Barett mit der weißen Feder auf den Lockenkopf setzte.

„— Sie wissen es?

„— Man ist von allen Schritten der reizenden Frau unterrichtet.

„— Das beklage ich.

„— Warum? Warum?

„— Bedenken Sie, wohin die Liebelei führt.

„— Die Gräfin ist Herrin ihres Willens ...

„— Ah, steht es so, Herr St.? Glauben Sie wirklich an eine ernste Neigung der Dame? Geben Sie Ihre Carrière nicht auf, die zu einem glücklichen Ziele führt. Hören Sie auf meine Mahnungen, ich meine es gut mit Ihnen. Haben Sie das Schicksal der beiden Offiziere vergessen?

„— Ich werde mich nicht verstümmeln lassen. Uebrigens besitze ich Beweise, daß die Gräfin mich wirklich liebt.

Ich brach die Unterredung ab, um den Schauspieler nicht zu zerstreuen, nahm mir aber zugleich vor, einen andern Liebhaber zu engagiren. Herr St. spielte den Mortimer recht gut; er ward, wie gewöhnlich, durch Hervorruf ausgezeichnet.

Acht Tage später trat der jugendliche Liebhaber in mein Zimmer. Er war wieder blaß und hager geworden; aber sein Auge leuchtete vor Freude.

„— Herr Graf, begann er, Sie haben stets den regsten Antheil an meinem Geschicke genommen ...

„— Es ist mir lieb, Ihretwegen lieb, daß Sie dies einsehen!

„— Darum werden Sie sich freuen, wenn ich Ihnen mittheile, daß ich ...

„— Daß Sie sich verheirathen?

„— Nein, daß ich von einem großen Hoftheater engagirt bin.

„— So, mein Verehrter! Sie haben sich natürlich um das Engagement bemüht?

„— Man hat es mir angetragen.

„— Und Sie haben es sofort angenommen?

„— Im Vertrauen auf Ihre Großmuth, daß Sie meinem Glücke nicht hinderlich sein werden, habe ich es angenommen. Und es ist ein Glück, einer Bühne anzugehören, die zu den ersten Deutschlands zählt. Stets werde ich zu rühmen wissen, daß ich meine Studien unter Ihrer Leitung gemacht habe. Man ist erbötig, Ihnen die stipulirte Conventionalstrafe zu zahlen ...

Ich ließ den Undankbaren nicht ausreden.

„— Gehen Sie; morgen werde ich Ihnen meinen Entschluß schriftlich mittheilen.

Herr St. ging.

— Der Elende! rief Friedemann. Sie, Herr Director, hätten auf die Erfüllung des Contractes dringen sollen. Einem solchen Patron gegenüber war Milde und Nachgiebigkeit nicht am Platze.

— Ich bin zwar ein Deutscher, antwortete der Graf, aber ich bin stolz wie ein Spanier. Dank erwarte ich von den Leuten nicht, denen ich Gutes gethan, denn ich bin nicht eigennützig . . .

— Aber wenn man Ihnen mit dem schwärzesten Undanke lohnt?

— Dann tritt mein Stolz ein, der die jämmerlichen Wichte ignorirt. Ich überlegte nicht lange und gab Herrn St. sofort die Entlassung. Acht Tage später traf der neue Liebhaber ein, der zwar nicht das leistete, was sein Vorgänger, aber doch das Fach zur Zufriedenheit des Publikums ausfüllte. Der solide junge Mann, der Theologie studirt, hat mir nie Anlaß zur Klage gegeben. Schade, daß er sich nach einem Jahre mit meiner Soubrette verheirathete und durchging, nachdem das junge Ehepaar während der Flitterwochen mehr als tausend Thaler Schulden gemacht hatte.

— Was wurde aus Herrn St.?

— Auf einer meiner Reisen kam ich durch die Residenz, in welcher er lebte. Ich besuchte natürlich das Hoftheater. Herr St. spielte gut, recht gut, aber nicht besser, als bei mir. Er war ein routinier comme il faut geworden.

Ach, und wo war seine Schönheit, sein klangvolles Organ geblieben? Nie hat sich mir der Gedanke an die Vergänglichkeit alles Irdischen so lebhaft aufgedrängt, als an jenem Abende. Nach dem Theater speis'te ich an der table d'hôte des ersten Hotels der Stadt. St. hatte meinen Namen in dem Fremdenblatte gelesen und kam, mich zu besuchen. Wir tranken Champagner. Er erzählte mir offenherzig, daß er mit seiner Stellung sehr unzufrieden sei, weil er sie der Gräfin verdanke.

„— Und wie stehen Sie mit der Gräfin? fragte ich nun.

„— Sie haben das Weib richtig beurtheilt, es ist eine boshafte Kokette, die mit den Männern wechselt, wie mit ihren Kleidern. Jetzt ist sie mit einem Uhlanenoffizier liirt, einem Baron von Eschenburg, der ernstlich an's Heirathen denkt, weil er, seiner enormen Schulden wegen, einer reichen Frau bedarf. Man kann sich über den Leichtsinn der Person nicht wundern, fügte er mit Bitterkeit hinzu, denn ehe sie ihren ersten Mann heirathete, war sie Tänzerin.

„— Aber, mein Bester, warf ich ein, Sie sind ein großer Thor gewesen ... warum haben Sie die Gräfin nicht geheirathet?

Er zuckte mit den Achseln, was nach meiner unmaßgeblichen Meinung soviel bedeutete, als: sie hat mich nicht gewollt. Ich begnügte mich mit dieser Antwort und bedauerte den armen Mann, der blindlings in sein Verderben gerannt war. Ja, ich bedauerte ihn und engagirte ihn auf der Stelle wieder, als er mir sagte, daß sein Engagement an der Hofbühne zu Ende sei und daß er je eher je lieber der Residenz den Rücken kehre. Ich füge hinzu, daß ich damals in großer Verlegenheit um einen Liebhaber, und daß mir St's. Antrag willkommen war.

„— Wie lange bleiben Sie hier? fragte er mich.

„— Noch drei Tage.

„— Gut, so machen wir die Reise gemeinschaftlich. Bis dahin kann ich meine Angelegenheiten arrangiren.

Nun sah ich die schnell berühmt gewordene Saint-Georges, die damals auf dem Hoftheater gastirte. Es ist wahr, ich kenne keine zweite Künstlerin, die ihr zur Seite zu stellen wäre; sie hat mir einige Gastrollen versprochen, so bald sie dort abkommen kann. Auch empfahl sie mir Engelbrecht, den sie als ihren Lehrer sehr hoch schätzt.

Am Abende vor der Abreise sprach ich mit einem alten Major, der ein großer Theaterfreund war, über St. Er sagte mir, daß die Gräfin ihren Schauspieler, dessen Verhältniß zu ihr ziemlich bekannt gewesen, deshalb entlassen, weil sie erfahren, der Geliebte habe, ehe er das Theater betreten, ihren verstorbenen Gemahl barbirt. Das ist eine furchtbare Nemesis.

Friedemann konnte sich nicht enthalten, laut aufzulachen.

— Dem Undankbaren ist recht geschehen! rief er.

— Aber auch der koketten Wittwe! fügte der alte Herr hinzu. Nachdem sie den Einarmigen und den Einbackigen abgewiesen, konnte sie doch unmöglich den Barbier ihres verstorbenen Mannes heirathen! Ich kehrte also mit meinem vor der Zeit altgewordenen Liebhaber heim und verzieh ihm die Undankbarkeit. Aber der Verfall seiner Person machte rapide Fortschritte, und als ich Sie antraf, zögerte ich nicht einen Augenblick, für die bessere Besetzung des hochwichtigen Fachs zu sorgen. Will sich St. nicht bequemen, Rollen zu spielen, die für ihn passen, so mag er in Gottes Namen gehen; ich habe Rücksichten auf den Hof und auf das Publikum zu nehmen. Nun kleiden Sie sich an und frühstücken Sie; gegen zehn Uhr führe ich Sie nach dem Theater, wo eine Probe abgehalten wird, und stelle Sie Ihren neuen Collegen vor. Guten Morgen.

Der alte Herr war verschwunden.

— Danke für den gutgemeinten Rath! dachte Friedemann. Ihre gefährlichen nervenschwachen Damen, Herr Director, existiren für mich nicht. Antonie ist mir Alles und wird es bleiben, so lange ich athme. Es bedurfte dessen wahrlich nicht, daß Sie mir ein abschreckendes Beispiel aufstellten.

Nach einer halben Stunde trat der Graf aus seinem Zimmer. Er hatte Toilette gemacht. Wie stets, so trug er auch heute schwarzen Frack, weiße Weste, weiße Kravatte und schwarze Pantalons. Der Greis sah mehr als stattlich, er sah imposant aus. Gravitätisch schritt er über den Corridor. Vor dem Zimmer Nummer zehn blieb er stehen. Er klopfte an.

— Herein! rief eine Frauenstimme.

Der Director öffnete, überschritt die Schwelle und stand vor Klara Engelbrecht, die, in einen weißen Morgenmantel gehüllt, auf dem Sopha saß und den Kaffee trank. Ihren Kopfputz hatte sie bereits vollendet. Das dunkele Haar umspielte in schweren Locken ihr reizendes Gesichtchen. Der Graf küßte ihr mit der Galanterie eines jungen Mannes die Hand. Dann nahm er neben ihr Platz. Nach einigen Höflichkeitsphrasen brachte er das Gespräch auf Engelbrecht.

— Ihr Vater, mein liebes Kind, ist ein genialer Schauspieler, und wie alle Genie's, so hat auch er seine Eigenheiten. Er liebt den Wein und die Freiheit. Unsere Theatergesetze respektirt er nicht. Er verreis't, ohne zu fragen, ob es statthaft ist. Im Uebrigen zeigt er sich als einen vortrefflichen Menschen, hilft, wo er kann, und braucht sehr viel Geld.

— Wozu?

— Ich weiß es nicht; aber er ist ein Verschwender in Folio. Wirken Sie auf ihn ein und es wird noch Alles gut werden. Von Ihnen spricht er mit unbegrenzter Zärtlichkeit, und ich wiederhole es, der Tochter wird es gelingen, den Vater an Ordnung zu gewöhnen.

Klara hatte traurig zugehört.

— Haben Sie Nachsicht mit ihm! bat sie. Was an mir ist, werde ich aufbieten, den angedeuteten Zweck zu erreichen. Haben Sie, Herr Graf, keine Ahnung von den Zwecken der Reisen meines Vaters?

— Keine. Er hält sie geheim wie ein Diplomat. So plötzlich als er verschwunden, taucht er wieder auf.

— Es wird anders werden! versicherte Klara.

— Das gebe Gott.

— Wäre er nur erst zurückgekehrt.

— Fürchten Sie nicht, daß er ausbleibt, und zumal jetzt, da er weiß, daß Sie ankommen müssen.

Man besprach nun das Repertoir. Die Aufführung von Romeo und Julia konnte sobald nicht stattfinden, da Herr Frank, wie Friedemann von nun an genannt wurde, mehrer Proben bedurfte. Klara wollte ihr erstes Auftreten nicht so lange hinausschieben. Es ward also Preciosa angesetzt, die auch ohne Engelbrecht, im Falle er noch länger ausbleiben sollte, gegeben werden konnte.

Gegen zehn Uhr betrat der Graf mit seinem neuen Liebhaber das Conversationszimmer des Hoftheaters. Hier sah Friedemann seinen Vorgänger. Der junge Mann, der vielleicht achtundzwanzig Jahre zählte, sah bleich, hager und elend aus. In seinem schwarzen Haare glänzten bereits Silberstreifen. Seine Haltung war schlaff, kraftlos, als ob er krank wäre. Er war wirklich ein abschreckendes Beispiel. Als ihm der blühende junge Mann vorgestellt ward, verneigte er sich nachlässig und warf einen stechenden, gehässigen Blick auf ihn. Frank, wir wollen Friedemann so nennen, bemerkte diesen Blick, den er zu natürlich fand, als daß er sich darüber wundern konnte. Niemand sieht ja gern den, der ihn verdrängt. Die Kräfte des damaligen Hoftheaters waren größtentheils sehr respektabel und der angehende Schauspieler lernte manchen tüchtigen Künstler kennen.

Das Publikum kleiner Residenzen pflegt seine Forderungen eben nicht hoch zu spannen, zumal in M. war man sehr nachsichtig; aber denselben Abend bezeigte es dem Spiele des Herrn St. dennoch einiges Mißfallen. Der Schauspieler war darüber um so ergrimmter, als er seinen Nachfolger, der noch im vollen Besitze aller zu einem jugendlichen Liebhaber erforderlichen Requisiten war, im Parterre wußte.

— Wie hat Ihnen St. gefallen? fragte der Graf nach der Vorstellung.

— Der arme Mann ist krank, antwortete Hermann Frank. Ich beklage ihn.

— Und, mein Freund, nehmen Sie sich ein Beispiel

an ihm. Die Liebe ist ein gefährliches Fieber, nichts weiter!

Der alte Herr machte ein tragikomisches Gesicht, rieb sich die Hände und ging. Friedemann hielt seinen Director für einen Weltweisen, der viel aus der Schule der Frauen gelernt hatte. Antonie gehörte seiner Meinung nach nicht zu den gewöhnlichen Frauen, sie war ein Engel, ein göttliches Wesen, das nur die Vorzüge und nicht die Mängel der Sterblichen besaß. Ueber die neuen Verhältnisse nachdenkend, ging das neue Mitglied des Hoftheaters durch die hartgefrornen Promenaden. Die Sichel des Mondes schien hell und klar durch die schwarzen, blätterlosen Zweige der hohen Bäume. Es war eine köstliche Winternacht. Die frische Luft und die Einsamkeit thaten dem jungen Manne wohl. Er dachte sehnsüchtig an die Geliebte, die seinetwegen ihre Familie verlassen und die ungewisse Bahn der Kunst betreten hatte. Er gedachte aber auch seines alten Vaters. Das Blut stieg ihm zu Kopfe; er fühlte eine brennende Hitze in dem Gesichte. Hatte er sich nicht mit der Last des Verdachtes entfernt, einen Diebstahl begangen zu haben? Und dieser Verdacht mußte auf ihm ruhen bleiben, wenn der Thäter nicht ermittelt würde. Der arme Friedemann, er hatte wirklich nicht daran gedacht, den Schrank seines Vaters zu öffnen, er war nur mit dem geringen Inhalte seiner Kasse entflohen.

Die Erinnerung an die letzte Scene im väterlichen Hause erfüllte ihn mit einer Art Groll, der den Trennungsschmerz erstickte. Er nahm sich vor, da er doch nun einmal auf sich selbst angewiesen war, das Studium der Kunst, die er erwählt, mit dem größten Eifer zu betreiben und ein tüchtiger Schauspieler zu werden sich zu bemühen. Den Pakt, den er mit sich selbst geschlossen, bekräftigte ein Schwur bei dem klaren Lichte des Mondes.

Da hörte er plötzlich Schritte hinter sich. Als er sich wandte, sah er eine große, stattliche Gestalt, die vorsichtig an der Baumreihe hinschlich. Ein großer dunkeler Mantel hüllte die Gestalt ein. Gang und Haltung waren die des Grafen. Friedemann verbarg sich hinter dem Stamme der nächsten Linde. Kein anderer als der Graf schwebte vorüber. Friedemann, der ihm folgte, sah, daß der Director einem Hause zuschlich, das seitwärts unter einer Baumgruppe lag. Der alte Herr zog einen Schlüssel aus der Tasche, öffnete die Thür und verschwand. Der Schauspieler betrachtete das freundliche Gebäude, das nur aus einem Erdgeschosse bestand und dem Anscheine nach ein Landhaus war. Die Fenster desselben waren mit Läden geschlossen. Weinreben, mit Stroh umwunden, lagen wie lange Schläuche die Mauer entlang. Sieh, da blitzte Licht! Der Strahl drang aus der in einem Laden befindlichen Klappe, die halb offen stand. Kein menschliches Wesen regte sich in der Nähe ... der junge Mann folgte seiner Neugierde und trat leise an das Fenster. Er war glücklich, denn die verrätherische Klappe erlaubte ihm, das elegant eingerichtete Zimmer zu übersehen, das von einer großen Lampe hell beleuchtet ward. Teppiche bedeckten den Boden, große Bilder schmückten die Wände. Dem Fenster gegenüber glänzte die Tastatur eines Flügels. Auf dem rothen Divan neben dem Flügel ruhete eine Frau, und, wie es schien, eine junge und schöne Frau. Sie trug einen weißen faltenreichen Nachtmantel. Blonde Locken umspielten ein bleiches, interessantes Gesicht, das der Lauscher nur im Profil sehen konnte. Die Schöne, offenbar die Bewohnerin des Hauses, stützte den Kopf auf die weiße mit Ringen geschmückte Hand und sah nach der Thür, die sich langsam öffnete. Das weiße Haupt des Grafen ward sichtbar.

— Guten Abend, Kathinka!

— Ach, mein lieber Freund! antwortete flötend eine Stimme.

— Darf man eintreten?

— Ich habe Sie erwartet, Karl!

— Wahrhaftig?

— Sie sehen, daß sich zwei Couverts auf dem Tische befinden.

Karl öffnete die Thür, trat ein und ließ den Mantel fallen.

— Ah, ah! rief Kathinka überrascht. Was ist das?
Karl antwortete gravitätisch:

— Ich versprach Dir, einmal spanisch zu kommen . . . da bin ich!

Der Lauscher war nicht minder erstaunt als Kathinka. Der Graf stand, in prachtvoller Hofuniform, neben der Thür. Die Silberstickerei und die Epaulettes schimmerten blendend in dem Strahle des Lichts. Weiße, eng anliegende Kniehosen, seidene Strümpfe von derselben Farbe und Schuhe mit kostbaren Schnallen vollendeten das Kostüm, das dem stattlichen Greise das Ansehen eines Königs verlieh. Den Chapeaubas trug er, wie der Hofmarschall Kalb in Kabale und Liebe, kokett unter dem Arme. An seiner Seite flimmerte ein werthvolles Degengefäß. Wahrlich, das war eine königliche Erscheinung!

Kathinka erhob sich und ließ das Rouleau herab. Für den Lauscher war das köstliche Schauspiel, dessen Verlauf er so gern gesehen, zu Ende. Er hörte noch eine Zeit lang leises Geflüster, dann war Alles still. Frank trat, unter mancherlei Gedanken über den Bühnenlenker, der vor den Frauen warnte, den Weg nach seiner Wohnung an.

— Karl und Kathinka! murmelte er lächelnd vor sich hin. Der alte Herr findet noch immer Gefallen an einer schönen Frau. Welch eine Kluft liegt zwischen Theorie und Praxis!

Drittes Kapitel.

Ein jugendlicher Liebhaber.

Engelbrecht kam nach zwei Tagen erst zurück. Kaum hatte er von Klara erfahren, daß sein Wohlthäter sich in der Residenz befinde, so suchte er ihn auf. Beide Männer begrüßten sich, als ob sie alte Bekannte, schon längst Kunstgenossen wären. Das Wiedersehen war dem alten Schauspieler ein frohes Fest.

— Willkommen, Herr Frank! rief er. O, Sie haben wohlgethan, den Namen zu wechseln; es ist gut, recht gut!

— Warum?

— Ich werde Ihnen das später erklären. Für jetzt beginnen wir unsere Studien, denn ich muß meine Schuld gegen Sie abtragen. Sie werden nur dann die Bühne betreten, wenn Sie so vorbereitet sind, wie ich es wünsche.

Unser Director ist ein braver, ein guter Mann; aber er pflegt die Kunst nicht der Kunst wegen, sondern aus Liebhaberei. Er spielt mit ihr, wie das Kind mit der Puppe. Decorationen, Kostüme, Donner, Blitze und Aufzüge sind ihm die Hauptsache; die Schauspieler und Schauspielerinnen beurtheilt er nach ihrer äußern Erscheinung, ob sie Kern besitzen oder nicht, gilt ihm gleich. Klärchen sagt mir, Sie seien mit allen Eigenschaften ausgerüstet, die einen tüchtigen Schauspieler versprechen.... sehen wir zu, was sich aus Ihnen machen läßt. Fräulein Antonie steht unter dem Schutze meiner Schülerin; ich, mein lieber Freund, nehme Sie unter meine Obhut. Der Himmel sei gepriesen, der es fügt, daß ich mich dankbar beweisen kann.

— Herr Engelbrecht, bat Frank, vergessen Sie jene traurige Zeit!

— O nein, ich werde mich ihrer im Gegentheile stets erinnern und bekenne gern, daß ich ohne Sie und ohne Fräulein Antonie untergegangen wäre. Damals stand ich an einem jähen Abgrunde... meine moralische Kraft hatte mich verlassen... hätten Sie mir die Hand nicht gereicht, ich würde in die Tiefe gesunken sein, in jene Tiefe, die schon so manchen Schauspieler verschlungen hat. Sie verstehen mich vielleicht nicht... Gott gebe, daß Sie mich, bezüglich dieses Punktes, nie verstehen mögen. Junger Mann, Sie sind uneigennützig, Sie beanspruchen keinen

Dank, ich weiß es . . . aber gestatten Sie mir, daß ich nach meinem Gefühle handele . . . ich halte den undankbaren Menschen für ein Scheusal! Und ich wäre undankbar, wollte ich es unterlassen, Ihre ersten Schritte auf der dornenvollen Bahn der Kunst zu leiten. Es giebt auch Unterlassungssünden, und einer solchen darf ich mich nicht schuldig machen. Sie lieben Antonien, Antonie liebt Sie . . . ich werde nur dann zufrieden sein, wenn sich meine Wohlthäter einander angehören können, und dieses herrliche Ziel ist nur durch die Kunst zu erreichen.

Denselben Tag noch begann Engelbrecht den Unterricht. Er war erstaunt über das, was der Schüler vermöge seines besondern Talents bereits leistete. Organ, Deklamation, Haltung, Bewegung und Gedächtniß, das nicht einen Augenblick im Stiche ließ, Alles war bewunderungswürdig. Die kleinsten Andeutungen des Lehrers faßte der intelligente Schüler nicht nur rasch und richtig auf, er prägte sie sich auch fest ein und handelte danach. Und dieses herrliche Talent ward durch eine schöne männliche Gestalt unterstützt. Engelbrecht war außer sich. Weinend umarmte er den jungen Mann, dem er eine große Zukunft versprach. Bei den nächsten Proben, die auf dem Theater abgehalten wurden, erschien auch Klärchen. Acht Tage später fanden die Proben mit dem ganzen Personale statt. Frank bewegte sich wie ein auf der Bühne heimischer Schauspieler. Schon nach der Generalprobe empfing er die Glückwünsche des Grafen und des entzückten Engelbrecht. Herr St., der alte jugendliche Liebhaber, spielte die Rolle des Tybalt. Neid und Aerger sprachen aus den bleichen Mienen des Mannes, der sich zurückgesetzt fühlte, da ihm, wie er wähnte, die Rolle des Romeo gebührte. Er betrachtete den Ankömmling, dessen Ueberlegenheit er fühlte nnd der ihn verdrängte, als seinen ärgsten Feind. Engelbrecht spielte den alten Capulet. Die übrigen Rollen waren gut, einige sogar vorzüglich besetzt. Das Zusammenspiel war exact, abgerundet. Der Graf hatte verschwenderisch für neue Kostüme gesorgt, denn er wollte den Ruhm haben, Shakespeare's Tragödie so glänzend zur Darstellung zu bringen, als sie die Residenz zuvor nie gesehen. Und dies war wirklich der Fall.

Große Anschlagezettel verkündeten „Romeo und Julia." Klärchen kannte man bereits aus der Vorstellung der Preciosa. Man hatte nicht nur ihr Spiel, sondern auch ihre reizende Erscheinung bewundert und sie durch Applaus und Hervorruf ausgezeichnet. Ueber Frank coursirten die vortheilhaftesten Gerüchte. Die Damen hatten von seiner männlichen Schönheit, die Männer von seinem außerordentlichen Darstellungstalente gehört. In kleinen Residenzen machen gute und schlimme Dinge rasch die Runde. Der Zusatz, Frank stamme aus einer hohen Familie und sei Offizier gewesen, machte den Debütanten um so interessanter. Der Graf, der die Romantik liebte, hatte durch Redensarten, die er hier und dort geäußert, die erste Veranlassung zu diesen Gerüchten gegeben, die natürlich vergrößert und ausgeschmückt wurden. Die Hofdamen flüsterten sich in den Antichambren sogar zu, der Debütant sei fürstlicher Abkunft.

Der Abend, ein wahrer Festabend, kam.

Das Theater, ein noch neues, elegant und bequem eingerichtetes Gebäude, war überfüllt. Ein Kranz schöner Damen schmückte die erste Gallerie. Die herzogliche Loge war brillant erleuchtet ... man erwartete den Hof. Im Parquet blitzten die Offiziersuniformen, im Parterre tummelte sich der männliche Civilstand. Das Haus bot einen schönen Anblick.

Der Graf, der heute schwarzen Frack und weiße Halsbinde trug — auch das Ordensbändchen im Knopfloche fehlte nicht — ging ungeduldig auf der Bühne hin und wieder. Friedrich, in Livree, folgte wie ein Schatten seinem Herrn.

Klärchen erschien.

Wäre der Graf auch nicht der Mann gewesen, der weibliche Schönheit zu beurtheilen weiß, diese Julia hätte ihn entzücken müssen. Klärchen trug ein einfaches weißes Ballkleid, das außer einem Rosenstrauße von künstlichen

Blumen, der in der Mitte des Schooßes den Ueberwurf hielt, keinen Schmuck hatte. Auf dem reizenden Köpfchen mit den rabenschwarzen Locken, die eine Meisterhand coiffirt, prangte ein voller Kranz weißer Rosen. Ihre Gestalt, nicht zu groß, war jugendlich schlank und geschmeidig. Die Schultern, mattglänzend wie zartes Elfenbein, quollen rund und voll aus der Atlashülle hervor. Und das Gesichtchen, das feine, pikante Gesichtchen mit der schönen Stirn, den schwarzen bogenförmigen Brauen, den großen blauen Augen, den matt gerötheten Wangen, den frischen Lippen und dem zierlichen Kinn ... der Graf verneigte sich tief, ergriff ihre kleine Hand und sagte die Worte, mit denen Romeo das Mädchen anredet, das ihn in tiefster Seele ergriffen hat:

>Entweihet meine Hand verwegen Dich,
>O Heil'genbild, so will ich's lieblich büßen.
>Zwei Pilger, neigen meine Lippen sich,
>Den herben Druck im Kusse zu versüßen.

Dann küßte er die Hand mit einer Grandezza, die einem spanischen Granden Ehre gemacht haben würde.

— Gefällt Ihnen mein Kostüm, Herr Graf? fragte Klärchen lächelnd.

— Nein, nein!

— Was haben Sie daran auszusetzen? Ich weiß, Sie sind ein Mann vom feinsten Geschmacke ...

— So sagt man.

— Sprechen Sie sich aus, Herr Graf! bat Klärchen, die Hände flach zusammenlegend.

— Es fehlen Ihnen zwei wesentlich nothwendige Dinge.

— Und die wären?

— Friedrich! rief der Graf.

Der Bediente war schon da. Er präsentirte einen Karton, den der Graf öffnete.

— Ihnen fehlt ein Ballstrauß?

Mit diesen Worten befestigte der alte Herr einen kunstvoll gearbeiteten Strauß kleiner Blumen an Julia's Busen. Dann holte er einen prachtvollen Fächer aus dem Karton.

— Und dies ist das zweite Requisit, dessen Julia bedarf. Erinnern Sie sich, so oft Sie diese Kleinigkeiten sehen, an den Director, dem keine Conventionalstrafe zu groß ist, um Sie in Besitz zu nehmen.

Er verneigte sich und ging Herrn Frank entgegen, der in diesem Augenblicke aus der Coulisse trat.

— Vortrefflich! rief er. So habe ich mir den Romeo gedacht!

Nun besah er den schönen Mann von hinten und vorn.

Die Ouvertüre begann, ein Zeichen, daß der Hof die Loge betreten hatte.

Frank starrte Klärchen an. Die Schönheit des jungen

Mädchens, das für den heutigen Abend seine Geliebte spielte, brachte ihn fast aus der Fassung.

Der Graf, der den leicht erklärlichen Eindruck, den diese Julia ausübte, bemerkte, flüsterte Frank zu, indem er auf Herrn St. zeigte, der über die Bühne ging:

— Nehmen Sie ein Exempel daran!

Der Tybalt sah in der Nähe wie eine angestrichene Puppe aus. Gesicht und Hals waren mit Weiß bedeckt. Auf diesem Grunde zeigten sich die rothen Wangen. Brauen und Schnurrbart hatte der Tuschpinsel hervorgebracht. Seine Toilette, von der Kunst des Garderobier's weidlich unterstützt, war nicht übel. Wie anders präsentirte sich Romeo, der kräftige, aristokratisch gebauete junge Mann! Er trug ein auserlesenes Kostüm, das der sorgliche Director eigens für ihn hatte fertigen lassen.

Klärchen näherte sich ihm.

— Viel Glück, Herr Frank! flüsterte sie mit einem reizenden Lächeln.

— Eine Julia wie Sie, mein Fräulein, muß den befangensten Romeo begeistern.

— Herr Albers! rief sie leise im Tone des Vorwurfs.

— Und Klärchen wird mir Glück bringen.

— Ah, das klingt anders! Nun zerstreuen Sie sich nicht, und denken Sie an die Regeln, die Ihnen mein Vater gegeben. Ich bitte, führen Sie mich in das Konversationszimmer.

Sie legte ihre Hand in seinen Arm. Wie zitterte diese Hand! Frank fühlte es. Als er zur Seite sah, begegnete sein Blick dem ihrigen ... sie senkte verlegen die langen schwarzen Wimpern und betrat mit ihm das Zimmer, in dem sich die übrigen Schauspieler und Schauspielerinnen versammelt hatten. Alle staunten das schöne Paar an. Einzelne sprachen laut ihre Bewunderung aus.

Die Vorstellung begann. Andachtsvoll lauschte die Versammlung den Worten der herrlichen Dichtung, dieses hohen Liedes der Liebe. Die Balkonscene, die das Paar mit einer wunderbaren Innigkeit spielte, rief den ersten lauten Beifall hervor.

Der entzückte Graf, der die Wirkung vorausgesehen, empfing, während er in den Zwischenacten durch die Korridors ging, den Dank der Theaterfreunde.

Der dritte Act hatte begonnen. Der Graf saß in seiner Loge und verfolgte das Spiel. Kein Unfall hatte bis jetzt die Vorstellung gestört, die rasch und exact von statten ging. Nun kam die zweite Scene, der Kampf zwischen Tybalt und Romeo. Der grimme Tybalt, von Herrn St. dargestellt, hieb in einer Wuth auf den Gegner, daß die Schwerdter Funken sprüheten. Frank, ein gewandter Fechter, hatte Mühe, die heftigen Angriffe abzuschlagen. Die Handlung verwandelte sich in eine Fechtübung. Der arme Graf saß wie auf Kohlen: er sah, wie Tybalt, der fallen mußte, sich durchaus nicht bequemte, den Vorschriften seiner Rolle nachzukommen. Sollte St so rasend sein, sich an dem, der ihn verdrängte, zu rächen? Es mußte wohl so sein ... das war kein Scheingefecht mehr. Tybalt hieb blind um sich. Romeo parirte kräftig, gewandt und sicher. Eine Todesangst befiel den Director, der die Reizbarkeit des alten jugendlichen Liebhabers kannte. Immer noch wollte das Gefecht kein Ende nehmen. St. griff stets von Neuem an. Da entschied Romeo ... er schlug seinem Gegner den Degen aus der matten Faust, daß die Waffe klirrend zwischen die Parquetlampen geschleudert ward; mit einem durchdringenden Schrei sank Tybalt zu Boden. Romeo entfloh, wie es die Rolle vorschreibt. In dem Augenblicke, als der geängstigte Graf die Bühne betrat, brachte man unter dem Beifallssturm des Publikums, das den Kampf für ein meisterhaftes Spiel gehalten, den bis zur Ohnmacht erschöpften Tybalt in das Konversationszimmer.

— Was ist das? Was ist das? rief der Director. Wo ist Herr Frank?

Romeo, aufgeregt von dem Kampfe, trat ihm entgegen.

— Der Mann, sagte er, muß wahnsinnig sein!

Engelbrecht stürzte in das Zimmer.

— Sind Sie verwundet, Frank?

— Nein!

— Gott sei Dank!

— Aber was hat Herr St.?

— Kümmern Sie sich nicht darum; seine Rolle ist zu Ende. Gehen Sie, erholen, sammeln Sie sich! Sie haben noch schwierige Scenen zu spielen. So gehen Sie doch... beruhigen Sie meine Tochter, die gleich die Scene betreten muß!

Er schob den jungen Mann gewaltsam durch die Thür auf die Bühne. Da stand Klärchen, zitternd vor Angst und Schreck. Beide Hände hielt sie auf den wogenden Busen gepreßt.

— Sie sind doch nicht verletzt? frügte sie hastig.

Er gab eine beruhigende Antwort.

— Der Rasende! fuhr sie erregt fort. Ich habe es gefürchtet, denn es ist mir nicht entgangen, daß er Sie mit wilden Blicken verfolgte. Er wollte Ihnen die Rolle verderben...

— Er wollte mehr, er wollte mich verwunden. Doch so leicht ist das nicht möglich, mein liebes Klärchen; da muß ein anderer Fechter kommen, wenn ich erliegen soll.

— Hüten Sie sich vor dem gefährlichen Manne.

— Ich habe ihm kein Leid zugefügt.

— Daß Sie dem Publikum gefallen, ist dem Ehrgeizigen und Neidischen eine Kränkung, die er Ihnen nicht verzeiht. Hätten Sie Fiasko gemacht, er würde Sie freundlich und herablassend behandelt haben. Sie haben also wirklich keinen Schaden genommen? fragte sie mit Innigkeit.

— Ich fühle nicht einmal die geringste Erschöpfung.

— Das beruhigt mich; nun kann ich weiterspielen.

Sie reichte ihm die Hand, die er gerührt küßte. Die Bühne ward verwandelt und Julia trat auf, um die große Scene zu spielen, in der sie in Schmerz und Verzweiflung über die Verbannung Romeo's ausbricht, die sie von der geschwätzigen Wärterin erfährt. Wir sagen Nichts über den Erfolg ihrer Darstellung, der im wahren Sinne des Wortes ein glänzender war. Die enthusiasmirten Zuschauer riefen die jugendliche Künstlerin bei offener Scene, um ihr Blumen zu Füßen zu werfen. Romeo, der, an eine Coulisse gelehnt, zugeschaut, war so hingerissen, daß er den unangenehmen Auftritt mit dem grimmen Tybalt vergaß.

Klärchens Stimme brachte ihn zur Wirklichkeit zurück. Sie überreichte ihm einen Strauß Monatsrosen mit den Worten:

— Theilen Sie meinen Triumph ... ich theile den Ihrigen!

— Klärchen, Sie haben meisterhaft gespielt!

— Ich will es glauben ... Sie werden mir nicht nachstehen.

In froher Erregung hüpfte sie die Treppe zur Garderobe hinan, um sich umzukleiden.

Während Romeo Bruder Lorenzo's Zelle betritt und sich neuen Beifall erwirbt, fand in dem Konversationszimmer eine wirklich tragische Scene statt. Das Publikum, das andächtig lauschte, hatte keine Ahnung davon. Lorenzo, Romeo und die Wärterin erhielten es in der Täuschung, welche die Dichtung hervorbrachte.

Herr St., weiß und roth geschminkt, lag auf dem Sopha. Er trug das Kostüm des Tybalt, das an einigen Stellen zerrissen war. Seine rechte Hand, die den Degen geführt, war blutig, sie hatte eine leichte Verletzung erlitten. Der Theaterarzt, den man herbeigerufen, beschäftigte sich mit ihm. Engelbrecht, der Graf und einige Schauspieler umstanden die Gruppe. Tybalt erwachte aus einer Ohnmacht. Verwundert starrte er die Personen an, die ihn theilnehmend betrachteten. Der arme Mann sah zum Erschrecken aus. Die rothe und die weiße Schminke hatten sich verwischt; der Tusch, der den Bart und die Brauen bildete, war zu schwarzen Flecken geworden. Aus diesen Farben, die das Gesicht bedeckten, strahlte das große matte Auge unheimliche Blicke.

Der Schauspieler schrak plötzlich zusammen.

— Inspicient, wann kommt die Kampfscene? Rufen

Sie mich! Rufen Sie mich! Ich bin krank, mir brennt der Kopf ...

— Besteigen Sie den Wagen, sagte mild der Arzt; er wird Sie in Ihre Wohnung bringen.

— Nein, ich werde spielen!

Ihre Rolle ist bereits zu Ende. Das Publikum hat Ihnen Beifall gezollt.

Herr St. fuhr mit der Hand über die Stirn. Als er das Blut bemerkte, zuckte er heftig zusammen. Er schien zur Erkenntniß der Lage zu kommen, in der er sich befand.

— Meine Rolle ist zu Ende! murmelte er düster vor sich hin. Ach ja, Tybalt ist todt, er darf ja nicht mehr auftreten. Aber warum habe ich ihn gespielt? Der Romeo gebührt mir ... Wirft man mich schon in die Rumpelkammer? Ich war ein Narr, daß ich solche Zurücksetzung geduldet! Bin ich denn alt und unbrauchbar? Herr Graf, Sie haben perfid an mir gehandelt, haben den Contract gebrochen, den wir auf drei Jahre abgeschlossen.

Er stützte sich mit der Hand auf die Lehne und hob den Kopf hoch empor. Eine krankhafte Erregung sprach sich in seinem Gesichte aus, dessen Muskeln zuckten.

Der alte Herr wollte ihn beruhigen.

— Mein lieber Freund, Sie wissen, daß ich Sie schätze, denken Sie ruhiger über die Dinge nach, und Sie werden mein Verfahren nicht mißbilligen. Es ist mir nicht in den Sinn gekommen, Sie zurückzusetzen.

Engelbrecht warf beruhigend ein:

— Der Tybalt ist eine wichtige Rolle, wir konnten sie nur einem bewährten Schauspieler anvertrauen.

Herr St. bebte am ganzen Körper.

— Sie tragen die Schuld! rief er, mit der Hand auf Engelbrecht deutend.

— Ich?

— Sie sind von jeher mein Feind gewesen!

— Ich versichere, daß Sie mich verkennen. Wenn ich mir erlaube, dem Herrn Director Rathschläge zu ertheilen, so habe ich dabei stets die Kunstinteressen im Auge.

Der Graf ermahnte zur Ruhe.

— Wir werden morgen über diesen Punkt sprechen, fügte er hinzu; gehen Sie zu Bett, mein lieber Freund, und stören Sie die Vorstellung nicht. Herr Doctor, ich bitte, nehmen Sie den Kranken unter Ihren Schutz.

Tybalt brach in ein höhnendes Lachen aus.

— Krank? rief er mit heiserer Stimme. Bin ich denn krank!

— Um so schlimmer, wenn Sie mit ruhigem Verstande die traurige Scene auf der Bühne gespielt haben, die leicht ein unglückliches Ende nehmen konnte. Erlauben Sie mir, daß ich Ihnen mein Mißfallen ausspreche . . .

— Ihr Mißfallen? Ei, seht doch!

— Es ist nicht recht . . .

— Was ist nicht recht? rief auffahrend der Schauspieler.

— Daß Sie einen Debütanten, der zu den schönsten Hoffnungen berechtigt, aus der Fassung zu bringen suchen. Bedenken Sie Ihre eigene Laufbahn, Herr St.! Sie wurden wohlwollend aufgenommen, als ich Sie in die Kunstwelt einführte . . . man ermunterte Sie von allen Seiten.

Tybalt wiederholte sein höhnendes Lachen, indem er aufstand und rasch durch das Zimmer ging. Als er sein Gesicht in dem großen Spiegel erblickte, der von dem Boden bis zur Decke emporreichte, bemächtigte sich seiner eine zornige Aufwallung, die er nicht zu unterdrücken vermochte. Er fühlte vielleicht das Lächerliche seiner Situation.

— Ich gehe, ich gehe, rief er drohend, da meine Rolle hier zu Ende gespielt ist! Ihr Alle seid Otterngezücht, das man verachten muß . . . Speichellecker, die den großen Herren zu gefallen suchen, und dabei die Kunstinteressen vorschützen. Es gab eine Zeit, da ich Ihnen Alles war, Herr Graf! Da hing das Wohl Ihrer Bühne von meinen Leistungen ab, da ward ich gepflegt wie ein Kind! Aber ich kenne die unedeln Motive Ihres Verfahrens . . .

— Herr St., rief drohend der alte Herr, dessen Geduld

schwand, mäßigen Sie sich. Ich bin zweimal Ihr Wohlthäter gewesen. Statt mir zu danken ...

— Auch das noch! Das ist lustig! rief Herr St. Sie haben mich gebraucht, darum haben Sie sich meiner angenommen. Jetzt brauchen Sie mich nicht mehr, und Sie schütteln mich ab wie einen Hund, der seine Schuldigkeit nicht mehr thun kann. Aber das ist noch nicht Alles: ich bin Ihnen auch im Wege! Hat mich Kathinka einmal freundlich angelächelt? Hat sie einmal besonderes Wohlgefallen an meinem Spiele gefunden? Alter Narr, die Sängerin hat Sie zum Besten!

— Genug! rief der Graf.

— O, ich will Ihnen auch Beweise geben von meinen Behauptungen!

— Sie sind wahnsinnig!

— Weil ich den Schleier lüfte, den Sie über ein gewisses Boudoir geworfen haben. Nicht wahr, es ist was faul im Staate Dänemark? Ich bin Hamlet, der den Geist gesprochen hat! Fürchtet mich der König, den das Gewissen martert? Die Komödie wird bald angehen, das Theater ist schon aufgebaut, die Musikanten sind bestellt; aber auch die Todtengräber, welche die Leichen begraben sollen. Nun, mein moderner Polonius — diese Worte richtete der Schauspieler an Engelbrecht — wo bleiben Deine weisen Sprüchlein? Du Weltweiser, der sich hinter der Tapete verbirgt, vermahne Dein Töchterlein und schicke es fort! Gieb Acht, die Zeit kommt, wo es eine Ophelia wird! Und ich spiele Euch Allen zum Trotze den Hamlet, den Romeo, den Ferdinand, den Max, den Wilhelm — das ganze Heer der Liebhaber und Helden, die auf meinem Repertoir stehen! Macht Platz, ehe Euch mein Fuß zertritt!

Der Schauspieler wollte das Zimmer verlassen.

Der Graf verriegelte die Thür, die zur Bühne führte.

— Holen Sie Hülfe! rief er.

— Gegen wen? fragte St.

— Sie wissen nicht, was Sie thun.

Der Arzt wollte den Aufgeregten besänftigen, der ihn mit unheimlichen Blicken anstarrte.

Engelbrecht eilte auf den Korridor hinaus. Herr St. riß die Thür auf und stürzte ihm nach, ehe es Jemand verhindern konnte.

— Wohin?

— Fort, Polonius!

— Sie sind im Kostüm.

— Platz da, mein Weg ist noch weit.

— Sie werden bleiben.

— Platz da, sage ich!

— Ihr Erscheinen in der Straße wird Aufsehen erregen. Kleiden Sie sich um.

— Es ist schon spät! Ich muß fort.

— Seien Sie vernünftig, Herr.

— Polonius! Polonius!

— Die Polizei wird sich Ihrer bemächtigen.

— So vernichte ich die Polizei, wie ich Sie vernichte.

— Rasender!

— Alter Puppenspieler!

St. erfaßte Engelbrecht, schleuderte ihn mit einer Kraft, die man ihm nicht zugetraut hätte, bei Seite und stürzte durch die Thür in's Freie. Als der Portier kam, war Tybalt verschwunden. Engelbrecht ging in das Zimmer zurück. Der Inspicient rief ihn, er sollte die Bühne betreten. Der Graf, dem man kurz die Flucht des Schauspielers berichtete, schickte zwei Leute nach. Auch der Arzt entfernte sich. So heftig die Scene auch gewesen, sie war nicht bis auf die Bühne gedrungen, wo die Vorstellung ruhig ihren Fortgang hatte. Unter schwierigeren Verhältnissen hat wohl selten ein Anfänger die erste Rolle gespielt. Engelbrecht nannte es später ein Wunder, daß es seinem Schüler möglich gewesen, einen glücklichen Erfolg zu erringen.

Man bereitete den fünften Akt vor. Die Arbeiter waren beschäftigt, das Familienbegräbniß der Kapulets herzustellen. Julia, schön wie ein Engel, stand neben ihrem Sarge. Sie trug einen Kranz weißer Rosen auf dem Haupte und war weiß gekleidet. Ihr zartes Gesicht, der Schminke beraubt, war blaß wie eine Lilie. Frank, schwarz gekleidet, war dergestalt in dem Anschauen der reizenden Todesbraut versunken, daß er seine Umgebung vergaß. Unwillkürlich gedachte er des armen Klärchens, das, ein zartes Kind im zerlumpten Tuche tragend, an der Landstraße bettelte; er sah sie auf den harten Boden fallen, sah die helfende Antonie neben ihr, sah sie in dem Wirthshause, wo sie die Preciosa studierte ... er durchlebte im Geiste jene traurig glückliche Zeit, die den ersten Anlaß zu der Laufbahn gegeben, auf der er heute den ersten Schritt versucht. Welch eine gewaltige, wunderbare Veränderung war mit ihm, war mit den Personen vorgegangen, die er damals aus dem tiefsten Elende gerettet!

— Woran denken Sie? flüsterte leise eine weiche, schmelzende Stimme.

Klärchen hatte sich ihm genähert. Ihre kleinen Finger spielten mit dem schwarzen Kreuze, das von dem schlanken Halse auf den Busen herabhing.

— An den Wechsel der irdischen Dinge, antwortete der junge Mann.

— Denken Sie an Antonien, mit der Sie bald diese Scenen spielen werden.

— Glauben Sie? fragte er zerstreut.

— Fräulein von Kirchhaus, oder vielmehr Fräulein Albani, wird eine wunderbar schöne Julia sein.

— Sie haben Recht; Antonie ist schön!

— Und talentvoll wie die Schröder.

Das erste Glockenzeichen zum Beginne des Akts ward gegeben.

— Führen Sie mich, Herr Frank! bat Klärchen.
— Wohin?
— Zu meinem Sarge!
— Mein Gott, mir ist seltsam zu Muthe!
— Vergessen Sie nicht, daß wir Komödie spielen. An Netty's Sarge standen wir in Wirklichkeit. Aber ich denke daran, daß Sie den Akt beginnen. Gehen Sie, kaufen Sie Gift von dem Apotheker ... dort ist die Straße von Mantua mit dem Hause des armen Mannes ... gehen Sie, man giebt das zweite Zeichen ... ich werde allein in den Sarg steigen.

Romeo befand sich ganz in der Stimmung, um die düstere Scene zu spielen. Julia schritt zu dem mit frischen Blumen geschmückten Sarge, der durch eine Gardine den Blicken der Zuschauer noch entzogen ward.

Hinter den Coulissen begegneten sich der Graf und der Arzt.

— Was für Nachrichten bringen Sie, Doctor?
— Ich komme aus der Wohnung des Unglücklichen.
— Nun? fragte begierig der alte Herr.
— Niemand hat ihn gesehen. Das Zimmer war verschlossen, ich ließ es durch den Hauswirth öffnen ... St.

ist Nachmittags traurig gestimmt ausgegangen und bis jetzt nicht zurückgekehrt. Mir scheint die Sache bedenklich, der Schauspieler befindet sich noch im Kostüm des Tybalt. Sein Verstand hat gelitten ...

— Das ist traurig. Nun, wir werden den Unglücklichen suchen lassen. Für den Augenblick bin ich froh, daß er fern ist.

Der Doctor ging in die Loge, um den letzten Akt des Trauerspiels zu sehen, dessen erste Scene bereits vorüber war. Der Graf rief seinen Bedienten bei Seite.

— Friedrich, sage Kathinka, daß sie mich nach dem Theater an dem bestimmten Orte erwarte; sie solle nicht allein nach Hause gehen.

— Zu Befehl, gnädiger Herr!

Friedrich, der wußte, wo sich die erste Sängerin des Hoftheaters befand, verließ durch eine kleine Thür die Bühne. Aber bald erschien er wieder und suchte seinen Herrn, der aus der Coulisse dem Spiele zusah.

— Gnädiger Herr! flüsterte der Bediente geheimnißvoll.

— Ah, Du bist es!

— Das Fräulein ist nicht mehr in der Loge.

— Wie? fragte erstaunt der alte Herr. Noch im vierten Akte habe ich sie gesehen ...

— Man sagte mir, sie habe vor zehn Minuten das Theater verlassen.

— Eile ihr nach. Du wirst sie in ihrer Wohnung treffen. Mein Gott, das ist ein unangenehmer Zufall! Bleibe bei ihr, bis ich komme. Du verstehst mich, Friedrich. Nimm die Dame in Schutz, wenn es nöthig sein sollte. Aber eile; vielleicht liegt Gefahr im Verzuge!

Während der letzte Akt zu Ende gespielt wird, begleiten wir den Bedienten, der rasch durch die Allee geht und vor dem Hause stehen bleibt, in welchem Frank den Grafen gesehen. Er lauschte an den Fenstern, deren Läden fest verschlossen waren. Dann zog er die Glocke. Eine alte Frau öffnete.

— Friedrich! rief sie leise.

— Ich bin es, Frau Wiprecht.

— Ach, es ist ein Glück, daß Sie kommen! Treten Sie rasch ein.

Beide befanden sich auf der Hausflur. Die Alte schloß die Thür.

— Ist das Fräulein zu Hause?

— Ja.

— Allein?

— Es ist ein schrecklicher Besuch bei ihr.

— Ah, Herr St.

— Der Mensch ist entweder betrunken oder wahnsinnig. Schützen Sie uns, Friedrich, wir können uns gegen den Menschen nicht vertheidigen. Ach, mein armes Fräulein! Ich hätte gern Hülfe geholt; aber ich kann ja nicht abkommen.

Friedrich, ein gewandter Bediente, ließ sich nicht zweimal bitten.

— Wo ist der Besuch?

— In dem Salon.

Friedrich trat in den Salon, der durch eine Kerze erhellt ward. Der elegante Raum war kalt. An den Fenstern zeigten sich weiße Eisblumen. Tybalt, die Arme verschränkt, ging auf und ab. Als er den bekannten Diener erblickte, blieb er stehen.

— Was willst Du? fragte er ruhig, aber sehr ernst. Wer schickt Dich? Antworte kurz, und dann gehe wieder. Ich habe wichtige Geschäfte mit der Dame vom Hause.

Der Bediente, der die im Theater stattgehabten Ereignisse kannte, antwortete eben so ruhig und ernst:

— Mein Herr, ich werde bleiben, Sie aber werden gehen. Und damit Sie nicht zum Gespötte werden oder sich erkälten, ziehen Sie meinen Mantel über Ihr Kostüm, den ich Ihnen gern leihe.

Friedrich zog seinen kaffeebraunen Mantel aus.

— Es ist wahr! murmelte der Schauspieler, als ob ihn das Erbieten auf einen klugen Gedanken gebracht hätte. Her mit dem Mantel, er soll mir gute Dienste leisten Hilf mir ihn anlegen! So ... Du bist eine vortreffliche

Bedientenseele. Nun gehe, mein Freund, Du bist entlassen.

Tybalt trug den Mantel des gräflichen Bedienten.

— Herr St., Sie scheinen nicht zu wissen, wo Sie sind!

— Oh! Oh! Ich weiß es nur zu gut! rief der Schauspieler mit einem unheimlichen Lachen. Hinaus, Falstaff, oder ich will Dich springen lehren.

— Folgen Sie mir nicht gutwillig, so wende ich Gewalt an!

Tybalt kreuzte von Neuem die Arme und sah stolz auf den Bedienten herab.

— Armer Schächer! murmelte er. Wecke den Leu nicht, der Dich mit seinen gewaltigen Tatzen niederschmettert. Ich will allein sein! rief er plötzlich mit schallender Stimme und indem er mit dem Fuße stampfte.

Schon machte er Miene, den Ungehorsamen zu ergreifen, als die Thür eines Seitenzimmers geöffnet ward und die Sängerin, die sich noch in Hut und Mantel befand, eintrat. In der einen Hand trug sie einen brennenden Wachsstock, in der andern eine Brieftasche.

— Friedrich wird bleiben! befahl sie ernst. Er kann, was ich mit Ihnen zu verhandeln habe, hören, er soll es sogar hören. Mein Herr, nicht aus Furcht komme ich Ihrer Forderung nach, sondern um mich Ihrer sobald als möglich zu entledigen.

Kathinka setzte den Wachsstock auf den Tisch. Der Schauspieler beobachtete in fieberhafter Spannung alle Bewegungen der Dame, die, trotz der Versicherung, sie wolle sich des Mannes nur entledigen, dennoch nicht frei von Furcht war. Zitternd überreichte sie dem bleichen Manne das Taschenbuch, das sie in der niedlichen Hand hielt.

— Ich fordere keinen Dank, rief Kathinka hastig; aber gehen Sie, gehen Sie! Sie sind krank, Herr St.; legen Sie sich zu Bett, schicken Sie zu dem Arzte. Friedrich, begleiten Sie den Herrn!

Aber der Herr schien die Mahnung nicht zu hören; er zählte ruhig die Banknoten, die das Taschenbuch enthielt, und drückte seine Zufriedenheit über den Betrag derselben aus. Plötzlich änderte sich der Ausdruck seines Gesichts. Es mochte eine Erinnerung in ihm erwachen, die ihn mit Schmerz und Groll erfüllte.

— Dieser hier, rief er, indem er auf den Bedienten deutete, ist ein Getreuer seines würdigen Herrn, der Bewahrer zärtlicher Geheimnisse und Vollstrecker der Kabinetsbefehle, guter und böser ... er mag Alles hören. Das Fach der Helden und Liebhaber kann ich nicht mehr ausfüllen, man hat es mir durch verschiedene Demonstrationen deutlich genug zu verstehen gegeben ... Und ich fühle es auch, ja, wahrhaftig, ich fühle es auch. Wohlan denn, so wende ich mich zu dem Fache der Intrigants und Bösewichter. Als solcher finde ich wohl ein Engagement, das mich vor dem Verhungern schützt. Kann ich auf den Brettern meine Rolle nicht spielen, nun so spiele ich sie auf der Straße, in den Häusern, in den Hotels, in den Salons, in den Boudoirs, bei alten Weibern und jungen Damen ... überall, wo sich ein Terrain findet. Du, Kathinka, hast mir die erste Gage gezahlt; ich werde sie zur Reise benutzen. Hörst Du einmal, daß ich eine recht grausige, entsetzliche Rolle gespielt habe, dann freue Dich ... den Erfolg, der mich berühmt macht, danke ich Dir! Und nun lebe wohl! Vielleicht sehen wir uns wieder!

Ein wieherndes Gelächter ausstoßend, verließ er den Salon. Niemand wagte es, den Aufgeregten anzuhalten.

— Er ist wahnsinnig! flüsterte entsetzt Kathinka.

Friedrich zuckte die Achseln, indem er ruhig sagte:

— Der gute Mann spielt Komödie.

— Nein, nein; der gekränkte Ehrgeiz hat ihn des Verstandes beraubt. Eilen Sie ihm nach, sehen Sie, wo er bleibt und was er unternimmt ... er könnte den Grafen, den er für seinen Feind hält, antasten. Gehen Sie, Friedrich, schützen Sie Ihren Herrn!

— Es ist bitter kalt; ich habe keinen Mantel.

— So nehmen Sie einen meiner Shawls. Hier, hier!

Friedrich, ein an Bequemlichkeit gewöhnter Bediente,

hüllte sich in das große Umschlagetuch, das ihm die Sängerin zuwarf.

— Kommen Sie zurück und erstatten Sie Bericht. Ist es Ihnen möglich, so schaffen Sie den entsetzlichen Menschen aus der Stadt oder überliefern Sie ihn den Händen der Polizei.

Der Bediente sprang aus dem Hause. Kathinka entkleidete sich mit Hülfe ihrer Kammerfrau und ging in das erwärmte Boudoir, wo sie sich erschöpft in einen Fauteuil niederließ. Eine halbe Stunde später erschien der Director. Er war so entzückt über den Erfolg der Vorstellung, daß er der unangenehmen Scenen nicht gedachte, die sie hätten stören können. Kathinka theilte ihm mit, was in dem stillen Hause vorgefallen war.

— Karl, der Mensch ist ein um so gefährlicherer Feind, als er seines Verstandes nicht mächtig. Aus Rücksicht für Dich habe ich ihm mein Portefeuille mit hundert Thalern gegeben …

— Welche Summe, mein Kind, ich Dir mit Zinsen zurückerstatten werde. Uebrigens zeugt das Verfahren, das der Elende beobachtet, durchaus nicht von Geisteszerrüttung; er hat wohl gewußt …

— Daß Kathinka fähig ist, ihrem geliebten Freunde ein Opfer zu bringen.

Der Director belohnte diese Erklärung mit einem Kusse, den er der Sängerin auf die schwellende Schulter drückte.

Kathinka bog den Kopf zurück und spitzte die Lippen. Der alte Herr verstand diese Andeutung ...

— Kathinka, Du bist ein schönes Weib. Schade, daß ich nicht fünfundzwanzig Jahre jünger bin.

— Jahre vermögen wahre Liebenswürdigkeit nicht zu zerstören; Du bist, mein lieber Freund, eine männliche Ninon, die ihre Reize bis zu ihrem späten Tode zu bewahren wußte.

— Ninon de Lenclos nämlich! rief lächelnd der Graf.

— Voltaire sagt von ihr, daß sie im siebenzigsten Jahre ihre letzte Thorheit begangen habe.

Karl lächelte einige Augenblicke still vor sich hin und betrachtete seinen Diamantring. Dann sagte er:

— Im Punkte der Thorheiten, mein Kind, glaube ich eine frappante Aehnlichkeit mit Ninon zu haben. Und verleiht mir die Vorsehung ein dem jener Dame ähnliches Geschick, so begräbt man mich in meinem neunzigsten Jahre. Es ist dies zwar ein hohes Alter, aber ich wünsche es mir — Deinetwegen, vorausgesetzt, daß Du kein weiblicher Villacreaux bist!

Die Kammerfrau brachte den Thee, und das seltsame Paar begann das Nachtessen.

Gegen Mitternacht ward leise an den Fensterladen geklopft.

— Wer ist das? fragte der Director.

IV.

— Es wird Friedrich sein.

Und er war es. Man ließ den Bedienten, der draußen sein Tuch abgelegt hatte, eintreten.

— Wo ist der Wahnsinnige? fragte Kathinka rasch.

Friedrich verneigte sich und erzählte:

— In der Seufzerallee, die ich auf gut Glück gewählt, sah ich meinen Mantel langsam über den schwarzen Erdboden schweben. Der grimme Tybalt war sehr zahm geworden, er konnte sich nur mit Mühe fortschleppen. Ich, der leichtfüßige Achilles, wie mich der gnädige Herr zuweilen nennt, holte ihn bald ein. Herr St., ich will Sie nach Hause führen, redete ich ihn an. Ich wollte nämlich bei dieser Gelegenheit meinen verliehenen Mantel zurückerhalten. Herr St. blieb stehen und sah mich starr an.

„— Ah, Du bist es, Herrmann, mein Rabensender! rief er wie der alte Moor auf dem Theater. Gut, daß Du kommst, ich kann Dich brauchen.

— Ich führte den Mann, der wie ein Kranker am ganzen Körper zitterte. Wahrhaftig, er that mir leid. Nun wollte ich ihn nach der Straße führen, in der er wohnt. Er sträubte sich und zog mich mit sich fort.

„— Nicht dorthin, nicht dorthin! rief er hastig.

„— Wohin denn?

„— Nach der Post.

„— Es geht keine Post mehr ab.

„— So nehme ich Extrapost. Ich muß fort, auf der Stelle.

— Das war mir eben recht, denn Fräulein hatte mir gesagt, daß ich den Lästigen aus der Stadt schaffen solle. Wir klopfen also den Postmeister heraus, der verdrießlich fragte, was wir wollten. Als er von einer Extrapost hörte, stieß er einen derben Fluch aus. Aber es half Nichts, er mußte uns einlassen. Wir traten also in das Büreau. Der verdrießliche Postmeister kannte den Schauspieler, der sich fest in meinen Mantel gewickelt hatte und wie ein Reisender aussah.

„— Ah, Sie brauchen eine Extrapost?
„— Ja!
„— Wohin?
„— Nach F.
„— Was wollen Sie dort?
„— Teufel, ich will Gastrollen geben. Man wartet, ich darf nicht einen Augenblick zögern, wenn ich noch zur rechten Zeit eintreffen will.

Nun wollte der Postmeister die Erlaubniß des Herrn Directors sehen; da warf ich mich in das Mittel mit einer Nothlüge.

„— Herr Postmeister, sagte ich, mein Herr Graf hat mich mitgeschickt, um Ihnen zu sagen, daß Herr St. reisen darf. Expediren Sie ihn in Gottes Namen. Wäre es nicht so spät in der Nacht, so hätte der Theatersecretair die nöthigen Papiere ausfertigen müssen.

Das genügte. Die Extrapost kam und der Schauspieler stieg ein, nachdem er bezahlt hatte. Daran, den Mantel zurückzuerhalten, war nicht zu denken. Herr St. nahm mir meinen Hut, drückte sich in die Ecke, legte die Füße auf den Sitz und that, als ob er schliefe. Der Wagen fuhr ab. Ich hielt es für gerathen, meinen Weg zu gehen und Ihnen das, was geschehen, zu berichten.

— Der Kerl ist im Kostüm abgereist! rief lachend der Graf.

— Ja!

— Das ist neu, originell!

— Aber mein Mantel, Herr Graf!

— Nun, ich werde Dir einen andern schaffen müssen. Das ist das kleinste Uebel.

— Fürchtest Du ein größeres? fragte Kathinka.

— Ich fürchte, daß man den grimmen Tybalt aufgreift und auf den Schub bringt.

— Doch wahrscheinlich, um ihn einer Irrenanstalt zu übergeben. Ach, das ist eine recht traurige Geschichte.

— Traurig und lehrreich, meine Liebe. Nun, wir werden später mehr erfahren.

— Friedrich!

— Fräulein?

— Gehen Sie in die Küche und stärken Sie sich.

Friedrich kam eilig dem willkommenen Befehle nach.

Die Art der Unterhaltung zwischen Karl und Kathinka kann der Verfasser nicht näher bezeichnen; es läßt sich aber vermuthen, daß sie höchst interessant gewesen sein muß, da der alte Herr beim ersten Grauen des jungen Tages, geführt von Friedrich, durch die menschenleeren Straßen der Residenz ging.

Viertes Kapitel.

Der Hofschauspieler.

Der Wagen, den der Postmeister gewählt, war zufällig einer von den bessern, welche die Remise barg. Der Reisende fand also ein bequemes Lager, und da er nach den erlittenen Strapatzen sehr müde war, schlief er bald ein. War es auch ein unruhiger Schlaf, der sich seiner bemächtigt hatte, so war es doch ein Schlaf, der die Langweile tödtet. Die Post hielt an der nächsten Station. Es war noch dunkel. Die Kälte hatte während der Nacht zugenommen. Alles war hart gefroren wie Stein. Dem Postillon gelang es nicht, einen anständig klingenden Ton seiner eiskalten Trompete zu entlocken, er weckte durch ein widerliches Heulen die Postbedienten aus dem Schlafe. Auch der Reisende erwachte.

— Verdammt! murmelte er. Das ist gri... wohl ein Aber wo bin ich denn? Ganz recht, auf der J... muß mir den Kopf zurechtsetzen, um Alles zus... itze unstellen. Du hast wohlgethan, Stephan, zu gehe... dort warst Du überflüssig. O, welch ein nichtswü... Mark und Bein durchschneidendes Wort... überfl... Sonst suchte man mich, sonst schmeichelte man mir u. bot für mein Spiel Geld über Geld; jetzt verhöhnt man mich, weil ich überflüssig bin. Gebt Acht, der Ausgestoßene, der Ueberflüssige ist noch nicht todt, er fühlt so viel Leben, daß er seine Rache kühlen kann.

Der Schlag des Wagens ward geöffnet.

— Aussteigen, Herr! rief der Postillon.

— Nein, ich werde sitzen bleiben! antwortete unser Held.

— Geht nicht, Herr.

— Warum denn nicht?

— Weil ich den Wagen mit mir zurücknehmen muß.

— Teufel, und was wird aus mir?

— Sie nehmen sich eine andere Extrapost, wenn Sie nicht hier bleiben wollen, und fahren weiter.

Das leuchtete dem Reisenden ein. Er schickte sich an, den Wagen zu verlassen. Bei dieser Gelegenheit sah der Postillon das Kostüm des Tybalt: einen Wappenrock von braunem Sammt mit weißen geschlitzten Aermeln, gelbe

..d schwarze Sammtstiefel. In dem glänzenden
...ing ein langer Degen. Als Tybalt seinen großen
...zusammenzog, war nun zwar der theatralische
... verschwunden, aber man sah sein bleiches ver-
... Gesicht und die halb verwischten Spuren der
...ninke. Der Postillon glotzte den seltsamen Passagier,
...r langsam ausstieg, verwundert an. In demselben
Augenblicke ward die Thür des Posthauses geöffnet. Ein
alter Mann, der eine Laterne trug, ließ den Reisenden in
dem großen Bedientenmantel in das kalte Passagierzimmer
treten.

— Fritze! rief ihn der Postillon zurück.

— Halte mich nicht auf, es ist kalt! murmelte Fritze
mürrisch. Du hättest mit Deiner Extrapost auch bleiben
können, wo Du warst.

— Wäre mir auch lieb gewesen, denn ich habe die
ganze Nacht auf der Landstraße zugebracht.

— Was willst Du denn eigentlich?

— Fritze, hast Du Dir den Herrn angesehen?

— Nicht so recht. Wenn man aus dem besten Morgen-
schlafe geblasen wird, ist das Auge ein Bischen blöde. Und
gestern Abend habe ich einen kleinen Rausch gehabt.

Der Postillon lachte.

— Schon wieder einmal, Fritze? Na, ich kenne Deine
Räusche. Man sieht es Dir an, daß Du einen tüchtigen

Hieb gehabt hast. Da freilich schwummert's Dir wohl ein Bischen vor den Augen.

— Was ist es denn mit dem Herrn? fragte Fritze ungeduldig.

— Der hat eine wunderschöne Uniform an.

— So!

— Er muß ein ausländischer Officier sein.

— Jawohl, murmelte Fritze, er sieht sehr ausländisch aus in seinem kaffeebraunen Mantel. Hat er denn schon ein Trinkgeld bezahlt?

— Nein. Ich werde mir aber eins ausbitten.

Fritze und der Postillon traten in das Passagierzimmer. Der Schauspieler saß auf dem schwarzen Ledersopha, die Füße ausgestreckt und die Arme gekreuzt. Sein bleiches Gesicht hing tief in den Mantelkragen hinab. Der runde Hut mit der schwarzen Bedienten-Kokarde verdeckte die Stirn. Der Reisende hatte das Eintreten der beiden Männer nicht bemerkt; er saß unbeweglich wie eine Bildsäule.

Fritze hob die Laterne empor und flüsterte:

— Du, der Hut sieht wie ein Kutscherhut aus. Unsers Barons Peter hat gerade so einen. Und der Mantel mit dem Fuchspelze und den vielen kleinen Krägen ... das kann doch unmöglich ein ausländischer Officier sein.

— Er schläft! Ich kann doch nicht so lange warten, bis er aufwacht.

— Nun, da wecken wir ihn. Das nicht allein, ich muß auch wissen, was er will.

— Fritze!

— Was denn?

— Sieh' nur, er hat einen Degen an der linken Seite. Die Scheide guckt unter dem Mantel hervor. Und an den Stiefeln hat er goldene Sporen. So geht kein gemeiner Soldat.

— Wahrhaftig! Da ist der Degen und da sind die Sporen! sagte Fritze. Aber der verdammte Kutscherhut! Man weiß nicht recht, was man aus dem Kerl machen soll. Wecke ihn..

— Wecke Du ihn, Fritze!

— Wenn er ein ausländischer Officier ist, könnte er das sehr übel nehmen.

— Aber ich muß doch wieder zurückfahren, meinte der Postillon. Meine armen Kracken draußen frieren wie die Schneider.

— Eben darum mußt Du ihn wecken.

Der Postillon faßte sich ein Herz und hustete einigemal, daß die Passagierstube erdröhnte. Der Reisende rührte sich nicht.

— Wetter, murmelte Fritze, der Mensch muß gestern einen schweren Rausch gehabt haben oder er hat ihn noch. Huste noch einmal.

Es geschah; aber ohne Erfolg.

— Fritze! sagte der Postillon, indem er sich die Brust hielt.

— Was?

— Nun bist Du an der Reihe, ich kann nicht mehr. Da möchte einem ja die Kehle springen.

— Mein Husten ist nicht weit her, sagte der alte Postbediente, der großen Respekt vor dem Degen und den Sporen hatte. Ich kann nur husten, wenn ich den Husten habe, sonst nicht. Und jetzt habe ich ihn nicht. Aber ich mache Dir einen Vorschlag.

— Heraus damit!

— Husten wir zusammen. Zwei Pferde ziehen besser, als eins.

— Das ist richtig: husten wir!

Beide strengten sich an, daß sie roth und blau wurden im Gesichte; der Schläfer blieb in seiner Stellung, ohne ein Glied zu rühren.

— Das ist Nichts! rief der Postillon.

Fritze meinte:

— Der Mensch muß harthörig sein. Aber das kann ich mir auch nicht denken . . .

— Warum denn nicht? fragte der Postillon, in dem sich der Aerger regte.

— Ein Harthöriger kann nicht einmal bei uns Offi-

cier sein, geschweige denn im Auslande. Das ist doch ganz
klar! Ich wüßte ein Mittel.

— Was für eins?

— Anfassen dürfen wir ihn nicht, das würde uns
schlecht bekommen.

— Ei freilich, da könnten wir die Degenklinge zu
kosten kriegen. Aber was soll ich denn machen?

— Du bist ein guter Bläser, das weiß unser ganzes
Dorf; nimm also Deine Trompete und blase, daß dem
Ausländer die Ohren rauchen. Wenn er davon nicht aufwacht, muß er erfroren sein. Und blasen darfst Du, das
kann Dir Niemand wehren.

Dem Roßlenker, der ohne Trinkgeld nicht abfahren
wollte, gefiel der Vorschlag.

— Gut, sagte er, das kann geschehen. Leuchte Du,
und sieh' nach, wenn er aufwacht.

Fritze hielt seine Laterne so, daß ihr bleicher Schein
den Schläfer treffen mußte. Der Postillon zog seine Trompete unter dem Mantel hervor und blies aus Leibeskräften
eine freie Phantasie, daß die leeren Wände der Passagierstube laut erklangen. Es war ein Höllenlärm. Da regte
sich der Schläfer. Fritze winkte mit der Hand, der Trom-
peter schwieg. Der Reisende sah die beiden Männer mit
unheimlich glühenden Blicken an.

— Was wollt Ihr, meine Freunde? fragte er pathetisch.

— Herr, mein Trinkgeld! Ich muß nach der Stadt zurück . . .

— Das Leben ist der Güter höchstes nicht; der Uebel größtes ist die Schuld! Hier, nimm den Bettel, den man Geld nennt . . . und wenn Du trinkst, trinke auf meine Gesundheit!

Er warf eine Banknote auf den Boden, die er aus dem Taschenbuche genommen hatte. Der ehrliche Schwager hätte laut aufjauchzen mögen: er erkannte ein Fünfthaler-Billet. Die beste Reise von der Welt wünschend, entfernte er sich. Fritze's Grämlichkeit war verschwunden; er begriff, daß er einen so reichen und freigebigen Herrn freundlich behandeln mußte. Unter vielen Verbeugungen fragte er nach den Befehlen des gnädigen Herrn.

— Ein Königreich für eine Extrapost! declamirte der Fremde.

— Gut, ich werde es dem Postmeister melden.

Der Schauspieler war wieder allein. Mit großen Schritten ging er so lange auf und ab, bis Fritze wieder erschien und fragte:

— Wer sind Sie denn, lieber Herr?

— Muß ich mich denn nennen?

— Ei natürlich! Der Taps, der Postillon, ist abgefahren, ohne seine Schuldigkeit zu thun.

— Nur den Namen. Die Herren, die mit Extrapost reisen, brauchen keinen Paß.

— Ich heiße Stephan!

— Herr Stephan wird gleich bedient sein.

Der Postmeister hatte den Schnupfen und wollte einer Extrapost wegen das Bett nicht verlassen; Fritze, das Factotum, mußte also den Dienst besorgen. Nach einer Viertelstunde stieg der Reisende in eine alte Chaise, gab dem Postbedienten ein Trinkgeld und fuhr ab. Die Weiterbeförderung am Tage geschah rascher. Stephan erregte zwar hier und dort einige Aufmerksamkeit, aber da er mit vollen Händen Geld ausstreute und wenig sprach, schöpften die reichlich Bezahlten keinen Verdacht. Mit Geld ist Alles zu beseitigen, selbst der Verdacht. So erreichte der Reisende glücklich sein Ziel. Es war schon dunkel, als er aus dem Postgebäude in die Straßen der Stadt trat. Wie ein Trunkener schwankte der Unglückliche weiter. Er kam an dem glänzend beleuchteten Hoftheater vorüber. Ein tiefer Seufzer entrang sich seiner Brust.

— Dort, murmelte er vor sich hin, habe ich einst Triumphe gefeiert! Die Menge, die sich jetzt zu den Thüren drängt, hat mir oft zugejauchzt... Was bin ich jetzt? Ein zurückgesetzter, ein verachteter Mensch, den man auslacht, wenn er von seinen Rollen spricht. Ah bah, die Welt ist undankbar und vorzüglich die Frauen. Ein großer

Thor ist der, der an die Dankbarkeit der Menschen glaubt. Wer nicht für sich selbst sorgt, ist elend und verlassen.

Der Mann in dem Bedientenmantel trat unter das Portal des großen Hauses. Er las den Anschlagzettel. Man gab „Kabale und Liebe", Fräulein von Saint-Georges spielte die Rolle der Louise. Den armen Stephan befiel ein heftiges Zittern, als er den Titel des Stücks und die Personen gelesen hatte.

— Kabale und Liebe! rief er leise. Ich habe Beides kennen gelernt! Kabale und Liebe! Hermine, Hermine! Sie ist ein schönes, aber ein böses Weib! O, hätte ich diese Schlange nie gesehen, die mich bei den zärtlichsten Namen nannte, mir ewige Liebe schwor und zuletzt lachend den Rücken zuwandte. Wer bin ich heute? Ein alter, abgesetzter Schauspieler . . .

Das Rollen eines Wagens unterbrach die Betrachtungen Stephan's. Er wandte sich. Eine glänzende Equipage hielt dicht hinter ihm. Der Bediente öffnete den Schlag. In demselben Augenblicke trat ein Uhlanenofficier heran, der der aussteigenden Dame die Hand bot und sie in das Theater führte.

— Hermine! Hermine! stammelte Stephan. Wie selig sie dem Baron zulächelte, wie innig sie sich ihm anschmiegte! Syrene, Ungeheuer in Menschengestalt, Engel mit einer Teufelsseele! Und sie muß die erste Person sein, die mir der

Zufall entgegengeführt. Wenn es Vorbedeutungen giebt, so ist dieses Begegnen eine der schlimmsten.

Stephan lehnte sich an eine der Säulen. Sein von der Reise noch wüster Kopf ward völlig verwirrt. Er sah die Menschen, die an ihm vorübergingen, wie durch einen grauen Schleier.

— He, Freund, redete ihn eine Stimme an, Er hat Langweile und lungert wie ein Lazarone; verdiene Er sich ein Trinkgeld und helfe Er mir ein Etui mit einem Opernglase suchen, das dort verloren sein muß. Findet Er es, so zahle ich einen Thaler.

Derselbe Uhlanenofficier stand vor ihm, der die reizende Gräfin in das Theater geführt hatte. Stephan fuhr schaudernd zusammen; er kannte die Stimme des Barons Woldemar von Eschenburg, die Stimme seines Nachfolgers in der Gunst der Gräfin. Und dieser Mann muthete ihm zu, Lakaiendienste zu verrichten.

War diese Zumuthung auch dadurch gerechtfertigt, daß der Schauspieler einen Bedientenhut und einen Bedientenmantel trug, so verletzte sie ihn dennoch so empfindlich, daß er nicht gleich Worte finden konnte, um sie zurückzuweisen. Er starrte den Officier mit weit aufgerissenen Augen an.

— Hat Er Lust oder nicht? fragte barsch der Baron.
— Nein!

— Unverschämter Schlingel!

— Mein Herr! Mein Herr!

— Wem dient Er?

Indem Stephan sich entfernen wollte, erhielt er einen Schlag mit der Reitpeitsche. Ohnmächtig vor Zorn streckte er die Hand aus ... der Officier gab ihm einen zweiten Schlag und ging. Stephan lehnte wieder an der Säule; er sah den Officier einige Augenblicke suchen und sich dann langsam entfernen, aber der geistige und körperliche Zustand des Geschlagenen war der Art, daß er sich nicht bewegen konnte. Die Vorgänge erschienen ihm wie ein wüster Traum. Hätte er an der Säule nicht eine Stütze gefunden, er würde zu Boden gesunken sein.

— Der Baron hat mich geschlagen, er, den ich glühend hasse! murmelte er. Weil ich das Etui der Frau nicht suchen wollte, die mich unglücklich gemacht, hat er mich geschimpft und gepeitscht! O, es ist weit mit mir gekommen! Aber brauche ich denn diese Beleidigungen zu dulden? Mit dem Degen kann ich die Schmach nicht abwaschen, wohl aber mit andern, empfindlichern Waffen, und ich werde sie ergreifen. Herr Baron, die schöne und reiche Gräfin wird nicht die Ihrige, und sollte ich, um sie Ihnen zu entziehen, ein Verbrechen begehen. Sie haben mich in Ihrem Uebermuthe beschimpft ... wir sehen uns wieder!

Der Schauspieler verließ den vom Gaslichte erhellten

Perron des Theaters und schwankte wie ein Kranker über den weiten Platz, nicht achtend des schneidenden Windes, der ihm die ersten Schneeflocken in das fieberheiße Gesicht trieb. An der nächsten Straßenecke mußte er auf einem Steine ausruhen. Der Frost schüttelte ihn, der schwere Mantel konnte ihn nicht mehr erwärmen.

— Fort! Fort! rief er dumpf vor sich hin. Ich habe noch viel zu thun auf dieser Erde, ehe ich sterbe!

Er raffte sich auf und schwankte weiter durch die Straßen, die ihn einst als einen glücklichen Mann gesehen. Damals hatten ihn die Officiere gegrüßt, den Künstler, den Hofschauspieler! Und heute . . .

Seine Sinne verwirrten sich, er konnte das Traurige seiner Lage nicht mehr fassen. So kam er aus einer Straße in die andere und wiederum auf einen Platz, der von einem Kranze strahlender Laternen umgeben war. Ein starker, eisiger Wind schnob ihm entgegen und erschwerte ihm das Fortkommen. Ermattet sank er auf den Stufen einer Treppe nieder. Den Mantel um die bebenden Glieder ziehend, kauerte er zitternd an dem Fuße der hohen Gaslaterne, die ein helles Licht verbreitete. Heulend zog der Wind über ihn hinweg. Hut und Mantel bedeckte der stärker fallende Schnee. Der arme Schauspieler sollte sich der Ruhe jedoch nicht lange erfreuen. In der Thür über ihm erschien der Portier des Hauses, ein bärtiger Mann, der einige Augenblicke verwundert den fremden Bedienten betrachtete.

— Kerl, Du bist betrunken, rief er rauh; gehe, oder ich lasse Dich durch den Stallknecht fortschaffen! Suche Dir einen andern Platz zum Ausschlafen des Rausches!

Als der Angeredete nicht hörte, trat der Portier zwei Stufen herab und stieß mit dem Fuße an den Hut dessen, den er für betrunken hielt.

— Bist ein hübscher Bursche! fügte er höhnend hinzu. Beschimpfst die Livree Deiner Herrschaft. Fort, oder ich rufe den Stallknecht!

Stephan richtete sich mühsam empor.

— Wo bin ich denn? fragte er lallend.

Man hätte ihn wirklich für betrunken halten mögen.

— Auf der Treppe des Hotels der Gräfin von W.

Dieser Name zuckte wie ein Blitz durch seinen Körper. Er sah empor: da stand der wohlbekannte Portier, der ihm so oft die Thür geöffnet hatte, durch die er in die Arme der schmachtenden Wittwe geeilt war. Um jene Zeit überschütteten ihn die schönen Lippen der Besitzerin des Hotels mit Vorwürfen, wenn er nicht pünktlich in das Boudoir trat; heute trat ihn der Portier, der ihn sonst respektvoll empfangen, mit dem Fuße. Demselben Manne, der einst in den Armen der Gräfin geruht, wies man mit rauhen Worten von den Stufen der Steintreppe des Hotels.

Der Kranke erfaßte mit beiden Händen die Eisenstange des Kandelabers und richtete sich empor.

— Hier will ich nicht umkommen! flüsterte er. Herminen's Hotel ... der Portier ... weiter! weiter! Die Steine brennen wie Feuer, das Licht blendet mir die Augen ... Weiter! weiter! O, wie tückisch spielt der Zufall mit mir!

Er taumelte auf den Weg.

Der Portier brach in lautes Lachen aus.

— He, Kamerad! Du hast entsetzlich schwer geladen! Hüte Dich, daß Dich der Herr nicht sieht. Kerl, Du kannst ja auf keinem Beine stehen. Wäre ich der Herr, Du bekämst die Karbatsche. Vergiß den Hut nicht!

Der bärtige Mann nahm den Hut und setzte ihn unter lautem Lachen dem vermeintlichen Bedienten gewaltsam auf den Kopf. Stephan, den ein heftiges Fieber schüttelte, brach zusammen. Der Portier hob ihn empor und stieß ihn von dem Trottoir auf die Straße.

— Marsch, Trunkenbold, mit Dir ist Nichts anzufangen. Suche Dir ein Bett, ehe Dich die Polizei erwischt!

Er stieg die Treppe hinan, trat in das Haus und schloß die hohe vergitterte Thür, durch deren Scheiben von mattem Glase trauliches Licht blitzte.

Stephan schlich an der gegenüber liegenden Häuserreihe hin.

Es war zwar noch nicht spät, aber in der Straße zeigten sich nur wenig Personen, die, von der schneidenden Kälte getrieben, wie Schatten vorüberhuschten. Niemand kümmerte sich um den Kranken.

Die Behandlung, die Stephan von dem Portier erlitten, hatte ihn heftig erregt; er war sich seiner Lage wieder bewußt geworden.

— Wohin? fragte er. Ein Gasthaus nimmt mich nicht auf, auch bei frühern Kollegen will ich nicht anklopfen. Ich muß ein Obdach, ein Ruhebett haben. Wohin? Soll ich auf der Straße umkommen?

Er durchlief in Gedanken die Zahl seiner frühern Freunde.

— Ah, rief er, bei dem kann ich's versuchen! Ich habe ihn, als ich noch Hofschauspieler war, oft unterstützt; auf Dankbarkeit rechne ich nicht, das wäre Thorheit... aber ich besitze ja noch einiges Geld, und dies wird den armen Teufel geneigt machen, mich aufzunehmen und zu schweigen. Niemand darf ahnen, daß ich angekommen bin. Wie würde die Gräfin lachen, wie würde der Baron mich höhnen! Und ich muß hier bleiben, ich muß!

Er ging rasch weiter und bog in eine schmale Straße.

Vor einem finstern Hause blieb er stehen.

— Hier ist's! Dort zeigt sich die schmutzige Thür, die mir mehr als einmal die Handschuhe verdorben hat. Ich trage keine Handschuhe mehr und darf es wagen, den Drücker zu berühren.

Stephan öffnete die knarrende Thür und trat auf eine schlecht gepflasterte Hausflur, die von einem Lämpchen matt erhellt ward. Die Zugluft half seiner matten Hand die Thür schließen. Ein kleines Mädchen, das aus dem finstern Hofe kam, begegnete ihm.

— Mein Kind, redete er es an, warte einen Augenblick..

— Gern!

Das Mädchen schlug das alte Tuch, das den Kopf verhüllte, ein wenig zurück. Ein bleiches, verhungertes Gesicht zeigte sich.

— Was wollen Sie denn?

Der Schauspieler, der sich in der traurigsten Lage von der Welt befand, hatte Mitleiden mit dem bleichen, in Lumpen eingehüllten Kinde. Er zog seine Börse und gab ihm ein Silberstück. Die Hand des Gebers zitterte heftiger als die der Empfängerin.

— Danke, mein lieber Herr! stammelte das frierende Mädchen.

— Nun leiste mir einen Dienst.

— Soll ich für Sie ausgehen?

— Nein.

— Sagen Sie mir, was ich zu thun habe.

—. Wohnt der Souffleur Peter noch in diesem Hause?

— Ei, das will ich meinen.

— Wo?

— Früher wohnte er nach der Straße hinaus.

— Und jetzt?

— Jetzt ist er unser Nachbar.

— Also im Hofe?

— Ja.

— Führe mich zu ihm.

— Herr Peter ist vorhin ausgegangen, aber Frau Peter ist zu Hause. Ich gehe zum Bäcker und hole für unsere Nachbarin Brod.

Stephan folgte dem Mädchen, das in den Hof zurückging, eine schmale, finstere Treppe erstieg und die Klingel an einer Lattenthür zog.

— Wer ist denn da? fragte im Innern eine keifende Weiberstimme, die das Gebell eines hektischen Hundes begleitete.

— Ein Fremder, Frau Peter! antwortete das Kind.

— Oho, ein Fremder; und dieser Fremde will zu uns?

— Ja!

Schritte, die von Füßen in Holzpantoffeln ausgeführt wurden, ließen sich vernehmen. Gleich darauf sah man zwischen den Stäben der Thür den Kopf eines alten Weibes, der von einer Küchenlampe beleuchtet ward.

— Ein Bedienter, also kein Fremder! sagte Frau Peter. Mein Bester, was bringen Sie denn? Von wem kommen Sie? Soll mein Mann vielleicht bei einem Gesellschaftstheater souffliren? Ich nehme die Bestellung an, richten Sie sie nur aus.

— Oeffnen Sie, Frau Peter.

— Warum denn?

— Ich habe viel mit Ihnen zu sprechen.

— So!

— Sie werden einen guten Verdienst haben.

— Den können wir brauchen, denn die Zeiten sind erbärmlich schlecht, das Brod ist theuer, die Kälte groß.

— Oeffnen Sie doch!

— Einen Augenblick Geduld.

Die Alte verschwand mit dem Lichte; nach fünf Minuten kam sie zurück und ließ den Bedienten eintreten, der sich kaum noch auf den Füßen erhalten konnte. Ueber einen kleinen Vorplatz, der zugleich die Stelle der Küche vertrat, gelangte man in das Stübchen des Souffleurs, das von einem unangenehmen Dunste erfüllt ward. In dem Kanonenofen murmelte ein Feuer. Auf dem einzigen Bette lag halbtrockene Wäsche, die den Dunst verbreitete. Die Gattin des Souffleurs hatte sie eilig von der Leine genommen, die von der Thür nach dem Fenster ausgespannt war. Kleidungsstücke, Bücher, ein Stiefelknecht, ein alter zerrissener Schlafrock und Dinge der verschiedensten Art lagen chaotisch auf dem Kanapee ohne Ueberzug. Auf dem Tische neben dem Ofen standen Fläschchen, Töpfe und Büchsen, die fast alle einen röthlichen Anstrich hatten. Die heillose Unordnung, die in dem Stübchen herrschte, erhöhete das Widerliche der bittersten Armuth. Die Toilette der Frau, die mindestens fünfzig Jahre zählte, entsprach dem Zimmer, das heißt, sie war schmutzig und unordentlich.

— Es sieht heute Abend nicht gut aus bei uns, begann sie, nachdem sie die Lampe auf den Tisch gestellt hatte; ich habe Wäsche, und mein Mann hat den ganzen Tag Schminke fabrizirt. Nehmen Sie Platz!

Sie warf die Sachen aus dem Kanapee auf den Boden.

Stephan sank todtmüde auf das seufzende Möbel. Dann nahm er den Hut ab.

— Sehen Sie mich an, Frau Peter.

— Herr, mein Gott!

— Erkennen Sie mich?

— Natürlich! Sie sind ja Herr . . .

— Stephan, der frühere Hofschauspieler.

— Herr, mein Gott! Sind Sie denn Bediente geworden? Der Hut mit der Kokarde, der braune Mantel . . . und wie sehen Sie aus, Sie, der schöne Hofschauspieler, den die Damen vergötterten?

— Gönnen Sie mir Ruhe, Sie werden später Alles erfahren.

Die Frau schlug die Hände über dem Kopfe zusammen und betrachtete den Hofschauspieler von allen Seiten. Ihr Gesicht verrieth, daß der Gast eben nicht willkommen war; sie sprach von beschränktem Raume, von kleiner Pension, von theuren Zeiten und bitterlicher Kälte.

— Beruhigen Sie sich nur, liebe Frau, unterbrach sie Stephan, ich komme nicht mit leeren Taschen; für die Bestreitung Ihrer nöthigsten Bedürfnisse kann ich sorgen. Hier ist Geld, schaffen Sie mir eine Erquickung!

Er warf seine Börse auf den Tisch, daß die Fläschchen und Töpfe klirrten.

— Sie zertrümmern ja die Apparate meines Mannes! schrie die Frau.

Dann wog sie die Börse, die mit Silberstücken gefüllt war.

— Ich hätte in ein Hotel gehen können, fuhr der Schauspieler fort; aber ich habe Sie aufgesucht, um Ihnen eine Unterstützung zufließen zu lassen.

— Das ist brav, recht brav von Ihnen, Herr Stephan. Ach, wir, ich und mein Mann nämlich, haben uns oft gefragt: wo mag wohl Herr Stephan geblieben sein? Aber um des Himmelswillen, was ist denn das? Sie haben ja ein Kostüm unter dem Mantel! Tricot, Wappenrock... kommen Sie denn vom Theater?

— Fragen Sie mich jetzt nicht, ich bedarf der Ruhe. Meine Gesundheit ist angegriffen, der Kopf schmerzt, mich friert...

— So will ich wie eine Mutter für Sie sorgen. Hier ist der Schlafrock meines Mannes, hier ist ein warmes Kissen... legen Sie den Kutschermantel ab und machen Sie es sich bequem. Diese baumwollene Nachtmütze ziehen Sie über den kranken Kopf.

Als Frau Peter nach einigen Minuten zurückkam, lag der Hofschauspieler, im Schlafrocke des pensionirten Souffleurs und die Nachtmütze auf dem Kopfe, in dem Kanapee. Der arme Mann war krank; er bebte vor Fieberfrost und murmelte von Zeit zu Zeit unzusammenhängende Worte, die zu verstehen Frau Peter sich vergebens anstrengte. Die gute Alte grämte sich dessen nicht, sie war auch nicht böse darüber, daß sie in dem beschränkten Raume ihrer Wohnung einen Gast aufnehmen mußte, der die gewohnte Lebensweise störte. Der reiche Inhalt der Börse tröstete sie und entschädigte für Alles. Von der kleinen Pension, die vierteljährlich gezahlt wurde, war längst kein Groschen mehr vorhanden, und noch hatte man sechs lange Wochen bis zum nächsten Zahltage zu leben. Herr Stephan konnte demnach nicht gelegener kommen. Die Hausfrau war dankbar, sie deckte den Gast warm zu, zog ihm die Nachtmütze über die Augen und hob ihm noch ein Kissen unter den Kopf. Dann ließ sie durch das kleine Mädchen den Bedarf für die Wirthschaft holen und bereitete einen kräftigen Thee. Der Tisch war gedeckt, als der Souffleur zurückkam. Der Leser kennt ihn, wir haben ihn bereits geschildert. Auf dem Vorplatze, der zugleich als Küche diente, trafen sich die beiden Gatten.

— Theobald, Du bleibst lange! keifte die Alte. Wie oft soll ich Dir wiederholen, daß ich Abends nicht gern allein bin. Wie steht es mit dem Gelde? Hast Du die Schminke abgesetzt?

Der kleine Mann nahm seine alte Pelzmütze ab, strich sich damit über die runzelreiche Stirn und seufzte:

— Das ist ein Hundewetter und ein Hundeleben dazu! Berta, wir haben kein Glück!

Berta nahm die Küchenlampe und leuchtete ihrem Manne in das Gesicht. Dabei brachte sie ihre Nase an seinen Mund.

— Mensch, zischte sie, wie eine Schlange, Du riechst nach Wein!

— Berta!

— Mache mir keinen Hokuspokus vor...

— Fällt mir auch nicht ein!

— Du bist bei Schnappelhuber gewesen!

— Liebe Berta, mäßige Dich! sagte ruhig der Gatte, indem er sein halbkahles Haupt wieder mit der Pelzmütze bedeckte, denn durch eine zerbrochene Fensterscheibe drang ein scharfer Luftzug auf den Vorplatz.

— Theobald, Du bist ein gewissenloser Familienvater, ein hartherziger Gatte und ein maßlos ausschweifender Mensch!

— Berta, entgegnete in stoischer Ruhe der Mann, wir haben keine Kinder!

— Aber wir könnten ein Dutzend haben, wenn es Gottes Wille gewesen wäre!

— Und was meine Hartherzigkeit anbetrifft...

— So muß ich Dir sagen, daß Du spielst und Wein trinkst, während ich aus zwei Bohnen zehn Tassen Kaffee bereite, den Latsch trinke und trockenes Brod dazu esse. Ist das Recht? Meine Kräfte nehmen täglich ab, ich kann kaum noch reden wie es sich für eine gebildete Frau geziemt...

— Du sprichst, mein Kind, geläufiger, als unsere komische Alte auf dem Theater, der ich oft Deine göttliche Suada gewünscht habe.

— Theobald, Du bist ein Ungeheuer, bringst mich um mit Deiner Ruhe, die stark an Phlegma grenzt! Herr, mein Gott, ich kann kaum noch die Kinnladen bewegen, die Zunge klebt mir am Gaumen vor Erschöpfung... und dieses Ungeheuer spricht von göttlicher Suada. Aber Deine Nichtswürdigkeit, die täglich größere Dimensionen annimmt, soll bestraft werden. Du hast ohne mich Wein getrunken, hast wohl gar Kaviar und Austern dazu gegessen, wovon Du so oft phantasirst . . . gut, nun sollst Du zusehen, wenn ich Thee, Sahne, Buttersemmel und Schweizerkäse genieße. Das ist eine Marter, wie sie die heilige Inquisition nicht besser ersinnen konnte.

Der arme Theobald hörte das Sprudeln des kochenden Wassers im Kessel, sah auf dem Heerde die genannten Speisen auf blanken Tellern und empfand die milde Wärme des Feuers, das in diesem Augenblicke hell aufloderte. Wie kam die Gattin dazu, so spät noch zu kochen? Wer hatte die Mittel zur Anschaffung des leckern Mahles geliefert? Theobald hatte allerdings einen halben Schoppen Wein bei Schnappelhuber getrunken, aber nicht einen Bissen Speise seinem hungrigen Magen zugeführt. Ihm ward seltsam zu Muthe, als er das Haupt neigte, um den Duft des Schweizerkäse's einzusaugen. Seine Gattin schob ihn zurück und goß das siedende Wasser in die Theekanne.

— Berta, sagte Theobald Peter spitz, Deine Wirthschaft regt seltsame Gedanken in mir an.

— So? Das ist mir lieb. Drücke Dich, Alter, Du stehst mir im Wege. Ah, fast hätte ich den Rum vergessen, der ein kostbares Aroma besitzt. Ja, ja, man hat seine guten Freunde, die in der Noth helfen. Alte Liebe rostet nicht, und man ist auch einmal jung und schön gewesen. Das geht so im Leben . . . der Zufall hat oft wunderliche Launen. Das Darben und Sorgen habe ich herzlich satt, es soll nun ein Ende nehmen.

Theobald hatte beide Hände in die Taschen seines abgeschabten Winterrocks geschoben und starrte düster auf die Herrlichkeiten des Heerdes, die verlockend im matten Strahle der Küchenlampe schimmerten. Der Thee begann seinen Duft zu verbreiten. Für einen Hungrigen gestaltete sich die Atmosphäre in der Küche sehr drohend. Theobald, der Ohnmacht nahe, kannte die Energie seiner Frau. Er beschloß, zu energischen Mitteln seine Zuflucht zu nehmen, um sich einen Theil des leckern Nachtessens zu erobern.

— Berta, begann er düster, ich werde den Plan zur Ausführung bringen, über den ich lange gebrütet habe.

— So!

— Ja!

— Was für einen Plan hast Du denn ausgebrütet?

— Wir passen nicht mehr zusammen.

— Das hat mir längst eingeleuchtet! entgegnete kurz die Frau.

— Lassen wir uns scheiden!

— Das ist deshalb nicht nöthig, mein Bester, weil wir gar nicht getraut sind. Damals sagtest Du, wir können die Kosten der Trauung ersparen ... heute sage ich, unsere Scheidung macht keine Kosten. Das ist eine doppelte Ersparniß, die uns trefflich zu statten kommt. Du kannst also gehen, wohin Du willst, und es wäre mir durchaus nicht unangenehm, wenn Du diesen Abend noch Deine Wanderung anträtest. Quartiere Dich bei Schnappelhuber ein, Du Spieler und Trinker, dort bist Du an Deinem Platze.

Theobald Peter schritt der Thür zu, öffnete sie und trat in das Zimmer, das von dem Feuer in dem Kanonenofen theilweise beleuchtet ward. Die Scheidungskomödie war schon mehr als ein Mal, selbst bei geringfügigen Anlässen, aufgeführt, und Theobald, der die Alte immer noch lieb hatte, war stets der Erste gewesen, der die Hand zur Sühne geboten. Heute wollte er Berta zwingen, daß sie einlenkte. Er erinnerte sich der Scene in Raimund's Verschwender, die so köstlich den häuslichen Zwist zwischen dem Tischler Valentin und seiner Frau schildert. Wie Valentin wollte auch er sich zum Scheiden rüsten und sich von der zerknirschten Gattin zurückholen lassen. In Ermangelung der Säge und der Kinder nahm er den Hund, der neben dem Ofen lag, und wollte nun auch zu dem Schlafrocke greifen. Er trat zu dem Kanapee, das in dem Lichtkreise des Ofenfeuers stand.

— Was ist das? murmelte er.

In dem Kissen lag ein Mann, der seinen Schlafrock und seine Nachtmütze trug. Theobald erstarrte zur Bildsäule. Das war unerhört, kaum glaublich, und doch wahr! Berta hegte und pflegte einen Mann, ohne Zweifel einen alten Liebhaber, denn sie war als Chortänzerin einmal recht hübsch gewesen, und der Teufel traue einer Tänzerin, selbst wenn sie versichert, nie eine Liebschaft gehabt zu haben. Daher kam also das Nachtessen, und darum wollte Berta noch diesen Abend den pensionirten Souffleur in die weite Welt schicken. Groll und Eifersucht verscheuchten die Erstarrung und brachten wieder Leben in Herrn Peter, der krampfhaft den Mops dergestalt an sich drückte, daß das arme Thier laut jammerte und sich der Folter zu entwinden suchte.

Das Geschrei weckte den Schauspieler. Verwundert sah er den bebenden Souffleur an.

— Herr, rief dieser mit heiserer Stimme, wer sind Sie?

— Wer ich bin?

— Wie kommen Sie in meinen Schlafrock, in meine Nachtmütze, in meine Kissen, in mein Kanapee? Ich rufe Feuer, Hülfe; Polizei und Nachtwächter!

— Sie werden schweigen, lieber Mann!

— Ich werde Sie denunciren!

— Auf dem Tische liegt meine Börse …

— Himmel und Erde, er will meine Schmach bezahlen!

Theobald warf den schreienden Mops dem Schauspieler in das Gesicht, packte ihn dann bei beiden Schultern und begann ihn heftig zu rütteln, indem er mit erstickter Stimme rief:

— Ehrenräuber, Verführer, Nichtswürdiger, wer bist Du? Nenne mir Deinen Namen, daß ich ihn der allgemeinen Verachtung preisgebe!

Stephan schob den Wüthenden zurück.

— Wahnsinniger!

— Und sie, die treulose Berta, der Schweizerkäse und Thee lieber ist als Ehre, Mann und häusliches Glück, diese Megäre ermorde ich, daß ihr Blut zum Himmel dampft.

Mit schlotternden Händen suchte er auf dem Tische nach einem Messer.

Berta erschien in der Thür. Erschreckt blieb sie stehen; in einem solchen Zustande hatte sie ihren Theobald noch nicht gesehen, sie hatte ihn nicht einmal für fähig gehalten, sich bis zu diesem Grade der Erregung emporzuschwingen. Der Ausbruch der Eifersucht schmeichelte ihr; sie wollte besänftigen und aufklären. Theobald Peter aber, blaß wie eine Leiche, schwang drohend das Messer und drang auf sie ein. Berta trat in die Küche zurück und schloß die Thür. Theobald wollte die Thür aufreißen — Berta hielt sie fest — es entstand ein Kampf, der damit endigte, daß die Gattin dem Gatten die Thür vor der Nase zuschlug. Theobald taumelte zurück und fiel auf den Hofschauspieler, der ängstlich das Kanapee verlassen hatte.

— Unglücklicher, Sie wollen Ihr braves Weib tödten? rief Stephan pathetisch. Den Dolch weg, oder, bei dem Heile meiner Seele, ich zerbreche den Arm, der einen solchen Frevel zu verüben sich erkühnt.

— Herr Stephan! stammelte der Souffleur.

— Ich bin's.

— Entreißen Sie mir das Messer!

— Warum?

— Ich durchstoße mir die Brust!

Stephan wickelte den Schlafrock fester um sich, streckte gravitätisch die rechte Hand aus und ließ sich auf dem Sopha nieder, indem er schneidend kalt sagte:

— Thun Sie, was Sie nicht lassen können!

— Herr, es ist Ihnen gleich, ob ich lebe oder sterbe? fragte Theobald, der mit beiden Händen den Griff des Messers umfaßt hatte.

— Ich habe keine Antwort auf diese Frage.

— Sie sind herzlos.

— Aber ich ertheile Ihnen einen guten Rath.

— Rathen Sie, Herr Stephan.

— Wählen Sie ein Pistol, wenn Sie sich ermorden wollen . . .

— Herr! Herr!

— Und schlafen Sie Ihren Rausch aus, wenn Sie die Absicht haben, am Leben zu bleiben.

Der Hofschauspieler ließ das müde Haupt auf die Brust herabsinken, kreuzte die Arme und blieb regungslos sitzen, die Beine gegen den Kanonenofen ausgestreckt.

— Sie wollen mir also die Mordwaffe nicht entreißen? ragte Peter in einem weinerlichen Tone.

Stephan schüttelte mit dem Kopfe, ohne aufzublicken.

— Gut, fuhr der Souffleur fort, so entreiße ich sie mir selbst! Ich will der Hoftheater-Kasse nicht die Freude machen, daß sie meine Pension behalten kann.

Er warf das Messer auf den Tisch, die Pelzmütze hinterher und ließ sich in der freien Ecke des Kanapee's nieder.

— Dieser, flüsterte er ganz leise zwischen den Zähnen, ist mir nicht gefährlich.

Als Berta mit der Lampe eintrat, saßen beide Männer friedlich neben einander. Theobald stellte sich, als ob er vor Erschöpfung eingeschlafen sei. Stephan beobachtete starren Blicks die Gattin des Souffleurs, die den Tisch abwischte und die Tassen brachte.

— Wenn es den Herren gefällig wäre! sagte sie laut.

— Herr Peter! murmelte Stephan.

— Herr Stephan! murmelte Peter.

— Guten Abend!

Guten Abend!

Sie reichten sich die Hände.

— Ich bin krank, mein lieber Peter.

— Und ich, mein bester Herr Stephan, hatte einen kleinen Rausch.

— Das kommt wohl vor. Wenn Sie Ihren Schlafrock nicht gebrauchen ...

— Bitte recht sehr!

— Seien Sie offen, Freund.

— Ich kenne die Rücksicht, die man auf einen willkommenen Gast zu nehmen hat.

— Und ich kaufe Ihnen morgen einen neuen Schlafrock.

— Sie sind immer noch der Alte. Schade, daß die Gräfin ...

— Was ist es mit der Gräfin? fuhr der Schauspieler auf. Peter, heraus mit der Sprache!

— Später! später! Mein Weib kommt zurück.

— Haben Sie geplaudert, Freund?

— Hm, keine Silbe.

— Zu Tische denn, daß sie Nichts merkt. Ich habe später Wichtiges mit Ihnen zu besprechen. Später!

Herr Peter hatte einen großen Hunger, das Wasser lief ihm im Munde zusammen bei dem Anblicke des leckern Mahles; aber er verhielt sich ruhig und stellte sich, als ob ihm die Außenwelt gleichgültig wäre. Berta lächelte, besorgte flink die ihr obliegenden Geschäfte, kam und ging wie ein junges Mädchen, und kokettirte mit ihren noch weißen Zähnen. Sie sprach kein Wort und sah nur von Zeit zu Zeit nach dem Kanapee hinüber; aber es lag eine unverkennbare Ironie in ihrem gelben Gesichte, selbst in ihren Bewegungen. Sie wußte, daß sie Siegerin geblieben, obgleich sie nicht viel in's Gefecht gekommen war.

— Mein Alter hat einmal wieder Komödie gespielt! sagte sie, als sie dem Gaste eine Tasse heißen Thee präsentirte. Das Theater klebt ihm immer noch an, er wird es auch wohl nicht vergessen, und wenn er hundert Jahre alt wird. Hast recht hübsch gespielt, Theobald ... nimm Dir Brod und Käse.

Der Sturm war vorüber, in der Wohnung des Souffleurs nämlich; draußen tobte er mit einer wahren Wuth und rüttelte an dem alten Gebäude, als ob er es umwerfen wollte. Das Nachtessen mundete den beiden Gatten vortrefflich; der Hofschauspieler genoß nur Thee. Er klagte über Kopfschmerz und Müdigkeit und legte sich bald wieder zur Ruhe. Nun weckte ihn Theobald nicht mehr, der sich brummend auf das Lager legte, das ihm die sorgliche Berta bereitet hatte. Die Hausfrau selbst schlief in einem finstern Kämmerchen neben der Stube.

Die folgenden drei Tage verließ Stephan das Bett nicht; er war ernstlich krank. Die Hülfe eines Arztes, die

Berta vorschlug, lehnte er mit dem Bemerken ab, daß alle Doctoren Komödianten wären, die sich gut bezahlen ließen und Nichts leisteten.

— Berta, flüsterte Peter seiner Gattin zu, unser Gast spricht zu vernünftig, als daß ich Deiner Meinung beipflichten könnte, sein Verstand habe gelitten.

— Nun, flüsterte sie zurück, ich will auch gerade nicht sagen, daß er wahnsinnig ist; aber in seinem Oberstübchen sieht es doch nicht ganz richtig aus, das lasse ich mir nicht nehmen. Du lieber Himmel, der Hofschauspieler hat recht abgenommen. In seiner Glanzperiode war er ein schöner Mann.

Stephan erholte sich zwar körperlich, aber seine Gemüthsstimmung blieb eine gedrückte. Es verflossen oft Stunden, ohne daß er ein Wort sprach. Nach acht Tagen mußte ihm Peter neue Kleider kaufen. Dann ging er in der Abenddämmerung aus und kam spät zurück. Es ließ sich nicht verkennen, daß er seinen Aufenthalt in der Residenz geheim halten wolle.

Eines Morgens ward die Klingel an der Thür gezogen. Peter, der ausgehen wollte, öffnete. Ein Mann, von dem sich nicht sagen ließ, daß er gut noch daß er schlecht gekleidet war, fragte nach dem Hofschauspieler Herrn Stephan; er fügte hinzu, daß genannter Herr ihn bestellt habe. Der Souffleur hatte keinen Grund, ihn abzuweisen, er bracht ihn demnach zu seinem Miethsbewohner, der ihn mit dem Ausrufe empfing:

— Herr Groß, Sie sind ein Mann von Wort!

Hierauf ward die Thür geschlossen und die beiden Männer sprachen leise mit einander.

Theobald und Berta befanden sich in der Küche.

— Groß! Groß! flüsterte der kleine Mann.

— Kennst Du ihn, Theobald? fragte die neugierige Frau.

— Ganz recht, ich kenne ihn.

— Nun?

— Er ist ein removirter Advokat.

— Removirt . . . was heißt das?

— So bei Seite geschafft, abgesetzt, das Handwerk gelegt.

— Ah, rief Berta, indem sie ihren magern Fingern die Form von Krallen gab, ich verstehe: der gute Mann hat den Unterschied zwischen Mein und Dein vergessen.

— Es muß wohl so Etwas vorgefallen sein. Früher lebte Herr Groß in glänzenden Verhältnissen, er hielt sich auch eine Equipage . . .

— Ist's möglich!

— Jetzt ist er Gast bei Schnappelhuber und spielt Landsknecht.

— Ah, von dorther rührt die saubere Bekanntschaft!

Sieh', Peter, so kommt man hinter Deine Schliche. Also in Gesellschaft von abgesetzten Advokaten verbringst Du die Zeit . . .

— Still, Berta, ich studiere Menschenkunde! Außerdem gebe ich Dir zu bedenken, daß es uns mitunter sehr schlecht gegangen wäre, wenn ich meine Gulden im Landsknecht nicht vervielfältigt hätte. Es hat Alles seine zwei Seiten. Aber beruhige Dich, ich werde nun nicht wieder spielen.

— Hüte das Haus, mein Freund, nach einer Stunde werde ich von dem Markte zurückgekehrt sein. Wenn Du kannst, suche ein wenig von den Geheimnissen zu erfahren, die dort verhandelt werden. Verstehst Du mich?

Peter schloß die Thür und trat zu dem Herde, um Schminke zu bereiten, die er an das untere Personal des Hoftheaters verkaufte. Von Zeit zu Zeit legte er einmal das Ohr an die Thür; aber die beiden Männer sprachen so leise, daß der Lauscher auch nicht ein Wörtchen verstehen konnte. Wir lassen den Chemiker bei seiner Arbeit und betreten das Zimmer. Der Hofschauspieler, in einen karrirten Schlafrock gehüllt, saß, eine Cigarre rauchend, auf dem Kanapee. Der removirte Advokat hatte sich eines Stuhls bemächtigt und lag mit dem Arme auf dem Tische, der neben dem Kanapee stand. Die Einleitung des leise geführten Gesprächs war vorüber.

— Der Baron von Eschenburg, sagte der Advokat, ist mein Todfeind, denn er hat mich um meinen ehrlichen Namen und um meine Stellung gebracht.

— Wie war das möglich? fragte Stephan.

— Ich verwaltete seine überschuldeten Besitzungen und führte seine zahlreichen Prozesse. Wie schwierig dieses Geschäft war, kann nur der beurtheilen, der die morschen Verhältnisse des Barons kennt. Hier mußte ich Kapitale leihen, dort Schulden bezahlen. Hier galt es einen Prozeß schlichten, dort einen anhängig machen. Der Baron forderte Geld, die Gläubiger forderten Geld, und meine Kasse war stets leer. Ich hatte oft nicht über so viel zu verfügen, daß ich das mir ausgeworfene Honorar decken konnte. Bei einer Rechnungsablage bezichtigte mich der übermüthige Edelmann eines Betrugs. Es handelte sich um einen Posten von fünftausend Thalern, den ich der Baronesse Marie von Eschenburg gezahlt hatte. Die stets kränkliche Dame hatte mir keine Quittung gegeben, und als ich sie verlangte, war die Dame Nachts zuvor gestorben. Der Baron, der selbst oft kleine Summen empfangen, ohne zu quittiren, ließ mir den Prozeß machen, und da mir die Beweise fehlten, ward ich verurtheilt. Ich habe einen Fehler begangen, es ist wahr; aber Niemand konnte von meiner Ehrlichkeit mehr überzeugt sein, als der Baron, der sie unter den schwierigsten Verhältnissen erprobt befunden. Als ich ihm dies zu bedenken gab, griff er zur Reitpeitsche . . .

— Ah, mein Fall, mein Fall! rief Stephan erbleichend. Der Edelmann ist mit seiner Peitsche gleich bei der Hand. Herr Groß, ich hasse den Baron, ich hasse ihn glühend, und ehe ich sterbe, muß ich mich eklatant an ihm rächen. Ich denke und fühle Nichts, als die Rache an diesem Elenden, der mich entehrt und unglücklich gemacht hat.

— Auch Sie? fragte der Advokat, bitter lächelnd.

— Ich könnte ihn ermorden; aber der einfache Tod ist eine viel zu geringe Strafe für den Uebermüthigen, den Boshaften und Schlechten.

— Was wollen Sie mehr?

— Der Bube muß mit Schanden in die Grube fahren.

— Verdient hat er es!

Der Advokat schwieg und beobachtete den Schauspieler, der vor Erregung seiner Sinne kaum noch mächtig war. Seine Augen glüheten unheimlich und seine Hände hatten krampfhaft zitternd die Kissen des Kanapee's ergriffen.

— Das ist mein Mann! dachte der Removirte. Vielleicht kann ich ihn verwenden.

Dann sagte er laut:

— Herr Stephan, Sie wissen, daß ich Ihnen, als Sie noch am hiesigen Hoftheater angestellt waren, einen wichtigen Dienst geleistet habe.

— Ich habe es nicht vergessen, lieber Herr!

— Was kann ich jetzt für Sie thun? fragte er leise, einen stechenden Blick auf den bleichen Schauspieler werfend.

Stephan war so voll bittern Groll's, daß er nicht sprechen konnte. Groß hielt das Schweigen für Unschlüssigkeit. Er ergriff die Hand des krankhaft Aufgeregten und sagte:

— Lieber Herr, wir sind Unglücksgenossen; sprechen Sie sich offen aus, als ob Sie den vertrautesten Freund vor sich hätten. Die Praxis hat man mir gelegt . . . den Haß gegen den Baron kann mir keine Behörde nehmen.

— Mein Herr, fuhr Stephan auf, so will ich denn ohne Umschweife mich meinem Ziele nähern. Sie äußerten einmal, es sei Ihnen möglich, den Baron moralisch zu vernichten.

— Aeußerte ich das? fragte lächelnd der Exadvokat.

— O, mein Gedächtniß ist gut. Warum vernichten Sie Ihren Todfeind nicht?

— Weil dadurch meine Unschuld nicht bewiesen wird. Ich würde in den Augen der Welt noch mehr verlieren, wollte ich, um mich zu rächen, ein Geheimniß ausplaudern, das ich während meiner Geschäftsführung kennen gelernt. Seht, würde man sagen, der Advokat mißbraucht das Vertrauen des Barons, und wer dies vermag, ist auch fähig zu betrügen. Da ich auf meine Wiedereinsetzung in den vorigen Stand hoffe, so begreifen Sie wohl, daß ich der öffentlichen Meinung nicht in's Gesicht schlagen darf.

— Ich begreife das, mein Herr! murmelte Stephan.

— Nach Lage der Dinge habe ich mehr als jeder Andere Rücksichten zu nehmen.

— Aber ich nicht!

— Ah, Sie leben in andern Verhältnissen.

Stephan neigte sich über den Tisch und flüsterte:

— Ich kaufe Ihnen das Geheimniß ab!

Der Advokat zuckte zusammen; aber er blieb ruhig.

— Mein Bester, antwortete er, das ist ein Antrag, den ich in Erwägung ziehen werde. Freilich, es giebt dabei mancherlei Bedingungen . . .

— Ich erfülle alle, soweit es in meinen Kräften steht. Und vergessen Sie nicht, daß auch Sie Ihr Ziel erreichen, wenn ich meine Rache an dem Todfeinde kühle. Das Geheimniß, das ihn ruiniren kann, existirt also?

— Ja!

— Ich bin arm, lieber Herr, ich bin durch den Baron zu Grunde gerichtet . . . fragen Sie nicht, wie das geschehen; aber es ist so . . . das Leben ist mir gleichgültig, ich werfe es hin wie eine verhaßte Last, wie ein Kleid, das abgenutzt ist und keine Annehmlichkeiten mehr gewährt . . . habe ich das vollbracht, wozu mich mein glühender, verzehrender Haß drängt, so werden Sie mich nicht wiedersehen und die Unterredung, die wir diesen Morgen gehabt, erfährt kein lebendes Wesen. Dieses Taschenbuch enthält hundert Thaler ... es ist mein ganzes Vermögen ... ich hinterlasse es Ihnen für das Geheimniß! Zögern Sie nicht, auf den Kauf einzugehen ... nehmen Sie das Geld, zählen Sie es nach ... es sind gute Banknoten ... Teufel, hat denn der Mammon keine Gewalt über Sie? Und was wagen Sie denn, wenn Sie mir gestatten, daß ich einen Elenden nach Gebühr züchtige? Ich schwöre Ihnen, daß nie ein Wort über meine Lippen kommt, die in kurzer Zeit schon für ewig verstummt sein werden.

Der Hofschauspieler öffnete in fieberhafter Hast sein Taschenbuch und warf die Banknoten auf den Tisch. Der Advokat überzählte die bunten Papiere mit den Blicken; sie machten einen tiefen Eindruck auf ihn, dessen Taschen in diesem Augenblicke leer waren, auch konnte er nicht hoffen, daß sie sich bald füllen würden. Er reichte Stephan die leise zitternde Hand.

— Ich kann das Geschäft nicht abweisen, flüsterte er in einer erkünstelten Bewegung. Zwänge mich nicht die drückende Noth, denn ich habe Weib und Kind, so würde mich Ihre Lage dazu bewegen. Wohlan, ich liefere Ihnen die Waffe, mit der Sie einen vernichtenden Schlag gegen den Baron führen können!

Er verbarg die Banknoten in seiner Tasche und schob das elegante Buch zurück.

— Kann man uns belauschen?

— Nein!

— Die Wände sind dünn.

— Warten Sie einen Augenblick.

Stephan ging zu der Thür und öffnete. Peter stand ruhig an dem Herde und rührte in seinen Töpfen.

— He, Freund, sind Sie allein?

— Ganz allein, Freund.

— Und Frau Berta?

— Macht die nöthigen Einkäufe auf dem Markte.

— Bleibt Sie lange?

— Eine Stunde. Wünschen Sie Etwas, Herr Stephan?

— Nichts, als daß man mich beim Abschlusse eines Engagements nicht störe. Sorgen Sie dafür, daß Niemand das Zimmer betrete, so lange der Besuch bei mir ist.

— Ich werde wie der Höllenhund wachen, Verehrter! Nicht eine Maus soll die Schwelle überschreiten. Schließen Sie das Engagement ab und verlassen Sie sich auf Ihren Freund. Wenn Sie gute Schminke gebrauchen, so vergessen Sie meine Fabrik nicht . . .

— Alter Freund, ich werde Ihrer gedenken!

Stephan schloß die Thür, trat zurück und nahm seinen Platz wieder ein.

Der Advokat rauchte eine Cigarre und begann ruhig zu erzählen:

— Eines Tags ließ mich der Baron zu sich rufen. Es war in der Abenddämmerung, als ich sein Zimmer betrat. Er war kurz zuvor von einer Reise zurückgekehrt, deren Ziel mir unbekannt geblieben ist. Aus dem Empfange erkannte ich, daß der Baron sehr erregt war, obgleich er sich Mühe gab, ruhig zu scheinen. Sein interessantes Gesicht war bleich und seine Augen waren trübe. Ich erkannte dies Alles, trotz der vorgerückten Dämmerung, die mein Klient mit Fleiß zu der Unterredung gewählt zu haben schien. Ich mußte mich auf den zweiten Sessel setzen, der neben dem seinigen an dem Schreibtische stand.

„— Groß, ich verlange Ihren juristischen Rath!

„— Fragen Sie, Herr Baron, ich werde nach bestem Wissen antworten.

„— Einer meiner Freunde, ein guter, aber schwacher Mann, ich möchte ihn noch lieber leichtsinnig nennen, hat einen eigenthümlichen Handel gehabt. Er klagte mir seine Noth, und ich übernahm es, Sie um Rath zu fragen und ihm das, was Sie mir sagen werden, brieflich mitzutheilen. Die Juristen, an welche sich dieser Freund wenden kann, sind theils unwissend, theils unzuverlässig. Groß, was ist ein Erbschleicher?

Ich definirte den Begriff und gab die Strafen an, die

unser Gesetzbuch über das Verbrechen der Erbschleicherei verhängt. Der Baron ließ das Haupt sinken und sann einige Augenblicke vor sich hin. Die Frage kam mir verdächtig vor; ich ließ mir jedoch Nichts merken und wartete den Verlauf der Unterhaltung ab. Schon damals lebte der Baron in sehr mißlichen Vermögensumständen, die Niemand besser kannte, als ich. Den Freund hielt ich für einen vorgeschobenen, mußte ihn selbst dafür halten, wenn ich die verstörten Mienen meines Klienten betrachtete, der offenbar eine große Seelenangst empfand, die meinem scharfen Blicke nicht entging.

„— Groß, fragte er plötzlich, wie kommt man einem Erbschleicher bei?

„— Je nachdem, Herr Baron. Ich kenne den Fall nicht.

„— Er ist sehr einfach.

„— Erzählen Sie.

„— Ich fordere Verschwiegenheit.

„— Die ich Ihnen hiermit feierlich zusage.

„— Mein Freund, erzählte der Baron, hatte einen reichen Onkel, der die Thorheit beging, sich mit einer zweideutigen Person zu verheirathen. Die Heirath brachte natürlich Mißhelligkeiten in die Familie, die bis dahin friedlich gelebt hatte. Es verflossen Jahre, ohne daß sich die Verwandten sahen. Der reiche Onkel bekam Kinder.

Die Frau desselben ward fromm und der Onkel ward närrisch. Der Grund seiner Narrheit gehört nicht hierher. Eines Tags fand man ihn erschossen in einem Gehege. Die fromme Witwe vertrieb nun ihre Kinder, die sie später enterbte, den Sohn, weil er einen leichtsinnigen Streich verübt, die Tochter, weil sie einen Katholiken geheirathet. Als sie starb, setzte sie einen Mann zum Universalerben ein, der mit ihr jahrelang gebetet und Geisterspuk getrieben hatte. Das Testament ist in der besten Form verfaßt und gerichtlich deponirt gewesen. Der Erbschleicher trat die Erbschaft an und besitzt sie heute noch. Mein Freund, der auf einen Theil des Vermögens gehofft, ist tief verschuldet und wandte sich an den Erben seines Onkels, anfangs bittend, dann drohend. Der Erbe antwortete, daß der verstorbene Vater meines Freundes bereits abgefunden sei, und wenn er, der Sohn, sich nicht beruhige, so werde man ihn nicht nur durch gewisse falsche Wechsel zum Schweigen bringen, sondern auch den Mord des Onkels zu erklären suchen, von dem man geflissentlich den Schleier nicht habe wegziehen wollen. So kam Drohung gegen Drohung. Jetzt fragt es sich: soll der Sohn den gegen seinen verstorbenen Vater ausgesprochenen Verdacht ignoriren und dem Erbschleicher zu Leibe gehen? Er hat nämlich unter den nachgelassenen Papieren des Verstorbenen ein Document gefunden, woraus erhellt, daß der arme Onkel durch die raffinirtesten Mittel um den Verstand gemartert und abscheulich behandelt sei. Dasselbe Document spricht von einem Pfarrer, der den Mörder kenne ... mit einem Worte: der Sohn fürchtet seinen Vater zu compromittiren, wenn er den Erbschleicher angreift, denn das Document äußert sich ziemlich deutlich zu Ungunsten des Verstorbenen. Wie ist Licht in die Angelegenheit zu bringen?

„— Durch Gewalt nicht, Herr Baron! antwortete ich.

„— Warum nicht?

„— Weil man über den Verstorbenen nicht urtheilen kann.

„— Der Verstorbene war ein braver Mann.

„— Ich verurtheile ihn nicht.

„— Er ist keines Verbrechens fähig.

„— Mag sein. Legen Sie mir das Document zur Ansicht vor, und ich werde Ihnen den einzuschlagenden Weg angeben können.

Der Baron hatte noch mehr auf dem Herzen, aber er wagte es nicht, sich weiter auszusprechen. Mit den Worten „ich werde meinem Freunde schreiben" entließ er mich.

Das war ein seltsamer Fall, ein Fall, der von dem Gemüthszustande meines Klienten zeugte. Die Noth zwang ihn, den Erbschleicher in Anspruch zu nehmen, und das Gewissen, oder doch mindestens die Furcht vor der Entdeckung eines Verbrechens, hielt ihn davon ab. Das Ver-

worrene und Unbestimmte in seiner Erzählung entkräftete
den Vorwand, daß er im Namen eines Freundes frage.
Wäre er unbetheiligt gewesen, er würde klarer und bestimmter gesprochen haben. Einige Tage später bedurfte
ich eines Aktenstücks aus dem Familienarchive. Der Baron,
der sehr abgespannt war, gab mir den Schlüssel zu der
Bibliothek und die Erlaubniß, das zu holen, dessen ich bedurfte. Da fand ich in dem Aktenstücke einen Brief des
Vaters des Barons, der zwei Jahre zuvor gestorben war.
Dieser Brief enthielt nur die wenigen Zeilen: „Mein Sohn,
bewahre die Papiere, die ich Dir anbei im grauen Umschlage sende, wohl, sie werden, wenn es nöthig, Deine
und meine Ehre retten."

Ich brachte diesen Brief mit der Rechtsfrage in Verbindung, die mir der junge Baron vorgelegt hatte. Zu
welchen Vermuthungen mußte ich nun gelangen?

Lange überlegte ich, was ich thun sollte. Meine Rechtlichkeit entschied bald — ich ging zu meinem Klienten und
überreichte ihm den Brief.

„— Woher? fragte er betreten.

„— Er hat sich in dem Aktenstücke gefunden, das ich
suchte.

„— Verwünscht!

„— Ich glaube, das Papier ist für Sie von Bedeutung

„— Es ist gleichgültig!

Er zerriß den Brief und warf die Stücke in den Kamin.

„— Ich erinnere mich! fügte er hinzu. Die Papiere betreffen ein Duell, das ich im Namen meines Vaters ausgefochten. Die Sache ist längst abgethan, und verdient keiner Erwähnung mehr. Alte Leute sind ängstlich . . . ich danke Ihnen. Uebrigens befolge ich den Rath meines Vaters: die Papiere liegen in dem geheimen Fache meines Schreibtisches.

Somit war die Sache für den Augenblick abgethan.

Die Papiere mußten aber dennoch von Wichtigkeit sein, denn als ich eines Morgens unangemeldet in das Zimmer des Barons trat — ich hatte in einer dringenden Wechselangelegenheit mit ihm zu sprechen — legte er rasch mehre Papiere, die er durchgesehen, in einen grauen Umschlag und verbarg die Mappe in einem geheimen Fache des Schreibtisches, das sich rechts hinter einem Schränkchen befindet. Er war verstört und fertigte mich rasch ab. Später trat die Katastrophe ein, die mich um meine Stellung brachte, und ich habe heute erst wieder an die graue Mappe gedacht.

Stephan hatte gespannt zugehört.

— Ein inhaltschweres Familiengeheimniß! murmelte er.

— Das Sie ausbeuten können, Herr Stephan.

— Aber wie? Bin ich nun auch im Besitze der Papiere . . . was beginne ich damit?

— Diese Frage kann ich Ihnen beantworten, wenn ich den Inhalt der Mappe gesehen. Soviel glaube ich aber jetzt schon versichern zu können: das Gewissen des Barons ist nicht rein, es ist mit einem schweren Verbrechen belastet. Geldverlegenheit macht ihn zu Allem fähig.. Jetzt will er die reiche Gräfin von W. heirathen ...

— Er wird sie nicht heirathen! rief Stephan, indem er aufsprang. Ich sorge dafür, und bald, bald wird die Mappe in meinen Händen sein. Dann trete ich öffentlich als der Ankläger des saubern Barons auf, der längst das Zuchthaus verdient hat.

Auf dem Vorplatze ließ sich die Klingel vernehmen, gleich darauf die Stimme Berta's, die über gräßliche Kälte und theuere Marktpreise klagte.

— Wir sind nun fertig, Herr Advokat! sagte der Hofschauspieler.

— Verfahren Sie vorsichtig. Ich erwarte Sie in meiner Wohnung, die Sie kennen.

— Auf Wiedersehen!

Der Advokat ging grüßend über den Vorplatz. Zehn Minuten später kommandirte er einen Schoppen Rüdesheimer, den ihm Herr Schnappelhuber mit lächelnden Mienen brachte. Er bezahlte heute mit einer großen Banknote, ein Umstand, der ihn bei dem Wirthe in großen Respekt setzte.

Als Berta und Theobald in das Zimmer traten, saß Stephan gedankenvoll auf dem Kanapee. Die an ihn gerichteten Fragen beantwortete er kurz und düster, bis er endlich durch ein Zeichen zu erkennen gab, daß man ihn in Ruhe lassen solle. Von diesem Augenblicke an war der frühere Hofschauspieler still und verschlossen, es schien eine völlige Umwandlung mit ihm vorgegangen zu sein. Den Tag verbrachte er theils mit Lesen, theils damit, daß er stundenlang aus dem Fenster sah, und sowie der Abend dämmerte, verließ er das Haus, um kurz vor Mitternacht heimzukehren. Den Wirthsleuten ward bange um ihren stillen Miethsmann, der oft mit Blicken um sich sah, die auf eine Geisteszerrüttung schließen ließen. Frau Berta drang in ihren Mann, den Unheimlichen zu entfernen; Peter aber hatte ein zu gefühlvolles Herz, als daß er den Unglücklichen gehen heißen konnte. Der Winter, dieser gehässigste Feind der Armen, hatte sich mit allen seinen Schrecken eingestellt. Stephan achtete des rauhen Wetters nicht; er ging jeden Abend, sobald die Gaslaternen in den Straßen angezündet wurden.

— Mann, sagte Berta, mit dem Engagement muß es nicht weit her sein.

— Wer weiß! entgegnete der Souffleur. Es giebt verschiedene Engagements in der Welt. Gedulde Dich nur, wir sind ja auf einen Monat vorausbezahlt.

So verflossen wiederum acht Tage.

Eines Abends saß Peter allein in seinem Stübchen. Frau Berta war zu einer Hausgenossin gegangen, die tiefer im Hofe wohnte. Draußen tobte ein entsetzliches Schneewetter. Die Fensterrahmen wankten und aus dem Zugloche des Kanonenofens schlug die Flamme in das Zimmer, das sich mit Rauch anfüllte. Der pensionirte Souffleur, dessen Respirationsorgane im harten Dienste defect geworden, öffnete hustend die Thür. Da ward an das Gitter geklopft, das den Vorplatz von der Treppe schied.

— Wer ist denn da? fragte das erschreckte Männlein.
— Ich, Stephan! war die Antwort.

Peter ließ den Miethsmann eintreten.

— Brennt's hier? rief der Schauspieler, indem er sich nach allen Seiten umsah.

— Das wolle Gott verhüten! Der starke Wind treibt den Rauch aus dem Ofen. Ach, die armen Leute, die nur wenig Miethe zahlen können, sind schlimm daran. Meine Brust, meine Brust! Es ist zum Gotterbarmen, wie man mit einem Souffleur umgeht, der im Kasten untauglich geworden. Künstlers Erdenwallen! fügte er seufzend hinzu. Anfangs spielte ich jugendliche Liebhaber und Naturburschen... in diese Periode fällt auch der Pariser Taugenichts, den ich vermöge meiner zierlichen Gestalt excellent gab.*... dann spielte ich schleichende Intriguants und Bösewichter... später steckte man mich mit dem Beinamen „Blaserohr" in den Kasten, den ich so lange behauptete, als ich blasen konnte, und jetzt muß ich in einer schlechten Wohnung mit dem Rauche kämpfen, den mir Herr Blasius durch den Ofen zufächelt. Nun, der Tod des Erstickens ist für einen Souffleur der passendste.

Stephan, der den Hut tief in die Stirn gedrückt, saß auf dem Kanapee. Er hatte von der kurzen, aber bündigen Lebensbeschreibung des Souffleurs nicht ein Wort gehört. Sein Gesicht war leichenblaß, seine glühenden Augen starrten düster auf die mit Schnee bedeckten Stiefel. Ein Fieberfrost schüttelte ihn. Die bleichen Lippen bebten, die Hände zuckten wie im Krampfe.

— Sie sind krank, Freund! sagte mitleidig der Souffleur. Gehen Sie zu Bett... ich werde meine Frau rufen, daß sie Ihnen Thee kocht. Unglücklicher, in einem solchen Zustande konnten Sie ausgehen! Sie haben sich den Tod geholt!

Stephan lächelte wie ein Wahnwitziger.

— Wenn ich nur heute nicht sterbe! murmelte er. Nur in dieser Nacht nicht! Bald ist mein Tagewerk vollbracht, dann will ich untergehen. Aber alle Jene mit mir, die mein Verderben bereitet haben! Hu, wie mich friert... mein Blut ist Eis; nur Geduld, es wird sich bald erwärmen. Der Sturm bläs't gut, er facht den Funken zur

Flamme an . . . Schließe das Ventil, Alter, hier ist Rauch und Feuer überflüssig. Blase nur zu, nur zu, der Winter ist kalt! Wie dort, heult es überall . . . Nicht wahr, der Wind ist überall? Er drängt sich durch den Schornstein in das Zimmer . . . da muß er wohl den Funken zur Flamme anblasen! In zwei Stunden ist Alles geschehen! Fort, Stephan, fort . . . der Brand zerstört Deine Papiere . . . dort, der Schreibtisch brennt schon! Wasser zum Löschen! Den Eimer her . . .

— Freund, sind Sie von Sinnen? rief entsetzt der Souffleur. Doch nein, Sie sind krank, Sie phantasiren! Zu Bett; ich hole meine Frau, den Arzt . . . Sie müssen in das Spital!

Der Schauspieler fuhr auf. Mit wilden Blicken starrte er Herrn Peter an, der heftig zitterte.

— In das Spital? rief er gellend. Der gemeine Komödiant endet in dem Spitale . . .

Er brach in ein lautes Lachen aus. Dann zog er den Souffleur auf das Kanapee nieder und nahm ihn auf die Kniee. Peter konnte sich dem Arme nicht entziehen, der seinen Nacken umschlungen hielt.

— Alter, wisperte der Schauspieler, sei einmal vernünftig. Du bist mein Freund, ich habe Dich oft unterstützt, wenn Dir das Messer an der Kehle stand. Du weißt es doch noch — nicht wahr? Sieh', Alter, wir sind die intimsten Freunde, sind Leidensgenossen ... ich setze Dich zu meinem Erben ein! Alles, was ich besitze, wird Dein Eigenthum, sobald ich gestorben bin ... aber nicht in dem Spitale, das Spital ist ein furchtbarer Ort. Was war das? Stürmten die Glocken nicht?

— Nein, lieber Stephan, es schlägt zehn Uhr.

Der Schauspieler sprang zum Fenster und riß den Flügel auf. Eine Schneewolke fuhr ihm in das Gesicht. Nachdem er gelauscht, kam er zurück.

— Es wird bald so weit sein! rief er leise. Der Wind treibt das gefräßige Ungeheuer zur Eile. Das ist ein prächtiger Sturm, der mir gelegen kommt. Alter, hierher, ich mache mein Testament! Wenn ich morgen früh nicht bei Dir bin, so bin ich todt! Hier ist ein Brief ... diesen Brief trägst Du zu Herminen ...

— Wer ist Hermine?

— Die Gräfin von W. Du kennst sie, Alter! Zu ihr gehst Du mit dem Briefe und forderst eine beliebige Summe.

— Herr Stephan!

— Das schöne Weib wird zahlen, sobald es meine Zeilen gelesen hat. Aber fordere viel, so viel, daß Du eine schöne und bequeme Wohnung beziehen kannst. Der Rauch, der Rauch wird unerträglich! Ich muß fort ... die zweite Etage brennt schon. Gehe in Deine Spielhölle, Alter, dorthin komme ich... wir wollen Wein trinken, Burgunder und Champagner! Anstoßen auf Dein künftiges Glück, das ein enormes sein wird. Aber fordere viel, Alter, unmenschlich viel.. die Gräfin ist reich sie kann jede Summe zahlen. Dort liegt mein Brief... nun muß ich fort!

Herr Peter faßte sich ein Herz,

— Halt, rief er, Sie gehen nicht von der Stelle! Was faseln Sie von Feuer, zweiter Etage, Schreibtisch ...

Der Schauspieler zog ihn fest an sich und flüsterte:

— Du trauest es mir nicht zu, Freund; aber ich bin ein Brandstifter! Warte nur, bald wird die Stadt erhellt sein, bald werden feurige Wolken den Schnee beleuchten. Alter, ein zweiter Karl Moor treibt sein Wesen! Erwarte mich beim Wein, ich werde Dir meine Siege erzählen!

Stephan schob den kleinen Mann zurück, sprang hinaus und schlug die Thür zu. Peter, der ihm bis auf den Vorplatz nacheilte, konnte ihn nicht mehr erreichen. Berta kam die Treppe herauf und beklagte sich über den ungestümen Menschen, der sie fast zu Boden geworfen hätte. Als sie erfuhr, daß ihr Miethsmann entsprungen sei, rief sie laut:

— Laß ihn laufen, Theobald! Ich wollte, die Polizei brächte ihn in Sicherheit, damit wir ihn los werden.

Theobald war anderer Meinung; er nahm den Bedientenmantel, den ein Schneider seinen zarten Gliedern angepaßt hatte, wickelte sich hinein, setzte die Pelzmütze auf und wollte fort.

— Wohin, Alter?

— Zum Teufel! Gehe zu Bett, warte nicht auf mich. Der Stephan ist betrunken oder wahnsinnig — ich muß sehen, wo er bleibt.

Der Souffleur eilte die Treppe hinab. Berta trank Thee, las in einem Romane und ließ den Kopf zur Seite sinken, als sie müde ward. Während die Gattin es sich bequem machte, eilte der Gatte bei dem fürchterlichsten Schneegestöber durch die Straßen. Nachdem er einige Personen angesehen und einen Nachtwächter gefragt hatte, lenkte er seinen müden Fuß zu der Kneipe des Herrn Schnappelhuber. Dorthin wollte ja Stephan kommen, denn Stephan liebte ein Glas guten Weins. Je länger Herr Peter über die Dinge nachdachte, je ängstlicher ward ihm um's Herz. Er trank den zweiten Schoppen, aber die Angst wollte nicht schwinden. Souffleure haben in der Regel eine lebhafte Phantasie, vorzüglich wenn sie früher Rollen gespielt haben — Peter hörte im Geiste die Worte Stephan's und sah ihn als Mordbrenner aus einem Hause springen. Der kleine Mann spielte, um seinen Gedanken eine andere Richtung zu geben; er gewann und verlor, was er gewonnen hatte. Seine Angst wuchs zu einer entsetzlichen Herzensbeklemmung; als Stephan immer noch nicht kam. Da klopfte es leise an den Fensterladen; Peter erschrak... er setzte sich zu dem Bombardier, der zuletzt eintrat. Das Gespräch, das sich nun entspann, und den Schluß desselben, kennen wir; wir wissen auch, daß Frau Berta, die durch den Feuerlärm aus süßem Schlummer aufgeschreckt war, erschien und nach ihrem Gatten fragte. Wir berichten nun das Beginnen Stephan's. Gegen elf Uhr kam der Unglückliche nach einem ermüdenden Spaziergange bei dem Hotel Eschenburg an, das in einer eben nicht breiten Straße lag. Er umschlich das große, finstere Gebäude, dessen Läden fest verschlossen waren. Nichts regte sich als der Schnee, den der Wind fegte. Christian, der Diener des Barons, trat aus dem Hause, schloß die Thür und verschwand in der Straße. Er brachte seinem Herrn, der im Casino war, den Oberrock. Stephan, der auf einem Steine gekauert, erhob sich, zog einen Schlüssel aus der Tasche, öffnete die Thür und trat in das Hotel. Diesen Schlüssel hatte er von dem Exadvokaten Groß erhalten. Bald brannte die kleine Laterne des Souffleurs, die der Schauspieler mit sich genommen hatte. Er ging die Treppe zum ersten Stocke hinan. Rechts zählte er die Thüren. An der dritten begann er zu rütteln. Die schwere Flügelthür wankte nicht; sie widerstand auch einem Instrumente, das der Dieb bei sich führte. Wüthend rüttelte er noch einmal — vergebens. Er versuchte sein Heil an den

Nachbarthüren — alle waren fest verschlossen. Stephan
lief die Treppe zum zweiten Stocke hinan. Dort stand eine
Thür offen; sie führte in ein mit alten Möbeln angefülltes
Gemach. Die Aufmerksamkeit Stephan's richtete sich auf
einen alten Lehnstuhl, der in der Mitte des Zimmers stand.
Rasch nahm er ein Stück Papier, brannte es an der Laterne an und warf es auf das Polster des Stuhls, das
langsam zu brennen begann. Der Brandstifter, dessen
Gesicht sich zu einer Fratze verzerrte, als er den sich ent-
wickelnden Zunder bemerkte, schlich rücklings auf den Korridor, schloß die Thür und eilte hinab. Fünf Minuten
später stand er wieder auf der Straße, die ein dichtes
Schneegestöber erfüllte.

— Gethan! murmelte er, an dem Hause emporblickend.
Da ich die Papiere nicht vernichten kann, soll sie die Flamme vernichten. Wer hat den Muth, mich anzuklagen?
Hermine, treuloses Weib, der zweite Schlag trifft Dich —
ich war ein Barbier, der Herr Baron wird ein Mörder
sein!

Er floh die Straße hinab. Ohne es zu wollen, kam
er bei dem Hotel der Gräfin an. Eine Equipage hielt an
dem Perron. Der Diener öffnete den Schlag — Hermine
stieg aus, hüpfte die Stufen hinan und verschwand. Stephan hatte die reizende Frau erkannt; seiner Sinne kaum
noch mächtig, schwankte er weiter. Er ging von Straße

zu Straße, von Platz zu Platz. So oft eine Uhr schlug, zuckte er zusammen. Unter dem Portale des Hoftheaters suchte er Schutz gegen den Wind. Seine Sinne verwirrten sich, als er der glücklichen Zeit gedachte, die er hier verlebt — aber er erinnerte sich auch, daß er gerade an dem Orte stand, wo er von dem Baron den Peitschenschlag empfangen hatte. Wie Ahasver wanderte er weiter durch die verödeten Straßen, von Schnee und Wind umtobt. In der Nähe der Schloßwache brach er zusammen. Der Posten, der ihn bemerkt hatte, rief um Hülfe. Zwei Jäger trugen den Besinnungslosen in das Wachtgebäude. Am nächsten Morgen ward er in das Spital und vierzehn Tage später in das Irrenhaus gebracht. Der Mann, der in dem brennenden Hotel mit dem Baron kämpfte, war der Advokat Groß.

Fünftes Kapitel.

Stolz und Liebe.

Auf der mit hohem Schnee bedeckten Landstraße fuhren an einem kalten Wintermorgen drei Schlitten, die schwer mit Getreide beladen waren. Jedes der Fahrzeuge ward von vier kräftigen Pferden spielend gezogen. An der Spitze des Zuges ritt Herzog, der Hofmeister des alten Albers. Ein weiter Mantel mit langem Kragen, der auch den Rücken des schönen Rosses bedeckte, hüllte den Reiter ein. Es war bitter kalt und die Bahn glatt — von Zeit zu Zeit trabte der Reiter. Die Schlitten folgten ihm. Gegen Mittag erreichte der Zug ein Gasthaus, das einsam an der Straße lag. Hier wurde Rast gemacht. Während die Knechte die Pferde fütterten, ging Herzog in der geräumigen Gaststube auf und ab. Da trat der Wirth zu ihm, der den Oekonomen kannte.

— Herr Herzog, Sie können ein gutes Werk verrichten, redete er ihn an.

— Kann ich das, so ist es so gut als geschehen. Was ist es?

— Sehen Sie einmal hinter den Ofen, aber lassen Sie sich Nichts merken.

Auf der Ofenbank saß eine alte Frau, die in dem Kalender des Wirths las. Ihre Kleidung, halb städtisch, halb bäuerisch, verrieth große Armuth. Eine Art schwarzer Kapuze bedeckte das Haupt, doch so, daß man das schneeweiße Haar gewahren konnte, das sich wie ein Kranz an dem Rande der Kapuze zeigte. Ein graues wollenes Tuch, das auf dem Rücken zugeknotet war, hüllte den hagern Oberkörper ein. Der Stoff und die Farbe des Kleides ließen sich nicht unterscheiden. Die Füße staken in derben Schnürstiefeln von Rindsleder. Herzog betrachtete die Alte, die sich in die Lectüre des Kalenders so versenkt hatte, daß sie ihre Umgebung nicht bemerkte. Von Zeit zu Zeit griff sie mit der gelben, runzlichten Hand nach der Hornbrille, um sie zu befestigen.

— Was ist es mit der Frau? fragte Herzog leise. Hat sie die Zeche nicht bezahlt?

— Ich verlange kein Geld von ihr, denn sie besitzt nur einige Kupfermünzen, die ich ihr nicht nehmen mag. Als sie gestern gegen Abend halb erstarrt eintrat, zeigte sie ihre geringe Baarschaft und forderte dafür Verpflegung. Ich nahm sie auf und behandelte sie wie jeden andern Gast, der gut bezahlt. Man sieht es ihr an, daß sie eine ehrliche Person ist. Nun will sie heute nach M. Ich rieth ihr, nicht zu Fuß zu reisen, sondern eine Gelegenheit abzuwarten . . .

— Das ist brav, mein Freund, ich verstehe Sie!

Herzog trat der Alten näher.

— He, gute Frau!

Sie sah auf. Welch' ein Kopf zeigte sich! Das weiße Gesicht war mit unzähligen feinen Pockengruben besäet. An der Stirn und an der untersten Spitze des Kinn's zeigten sich große Narben. Als sie die Hornbrille abnahm, sah man ein großes dunkeles Auge, dessen Lider geröthet waren. Der Mund, dem der größte Theil der Zähne fehlte, war, wie die Wangen, eingefallen. Schneeweißes Haar drängte sich unter der Kopfbedeckung hervor.

— Was beliebt? fragte sie kurz und fest, wenn auch mit heiserer Stimme.

— Sie wollen heute noch M. erreichen?

— Wenn es möglich ist.

— Meine Leute sollen Ihnen einen bequemen Sitz auf dem Schlitten zurechtmachen.

— Das lohne Ihnen Gott, lieber Herr. Ich habe Eile.

— Wie kommen Sie denn mitten im Winter auf die Landstraße?

Die Alte zuckte mit den Achseln und flüsterte:

— Geschäfte!

— Was treiben Sie? Wer sind Sie?

Sie verbarg die Hornbrille in ein altes Futteral, das sie in ein ihr zur Seite liegendes Bündel schob.

— Hängt es von der Antwort auf diese Frage ab, daß Sie mich mitnehmen?

Und zugleich sah sie ernst und stolz den Hofmeister an.

— Potz Wetter, nein! rief Herzog. Aber man weiß doch gern, mit wem man zu thun hat.

— Mit einer armen, aber rechtlichen Frau.

Die Knechte kamen und Herzog setzte sich mit ihnen zu Tische. Er konnte sich nicht enthalten, von Zeit zu Zeit nach der Frau zu sehen, deren zwar häßliches, aber kluges Gesicht ihm gefallen hatte. Der Wirth berichtete, daß er der Alten einen Paß nicht abverlangt habe, da er sie doch nicht hätte abweisen können, und daß er mithin weder ihren Stand noch ihren Namen kenne.

— Hat sie zu Mittag gegessen?

— Ja!

Eine Stunde später fuhr der Zug ab. Auf dem letzten Schlitten saß, zwischen Säcken und Stroh, die Alte, geschützt vor dem rauhen Winde. Nach drei Stunden hielten die Schlitten vor dem Gasthause in der Stadt. Herzog näherte sich der Alten, der ein Knecht absteigen half.

— Wie geht es, Frau?

— Gut, lieber Herr. Ohne Ihre Güte würde ich die Stadt nicht erreicht haben. Nehmen Sie meinen Dank.

Sie wollte fort.

— Halt! rief Herzog, der über das stolze Benehmen der Reisenden sich wunderte. Der Wirth sagte mir, Ihre Kasse sei schlecht bestellt.

— Das ist sie, mein Herr.

— Hier ist ein Thaler, und wenn wir uns nicht wiedersehen, leben Sie wohl.

Die Alte nahm das Geldstück, dankte schweigend durch einen innigen Händedruck und verschwand in der Straße. Herzog sah ihr so lange nach, als er ihre Gestalt zwischen den Leuten unterscheiden konnte.

— Das ist nun auch ein Menschenleben! dachte er. Hätte die Alte ein nicht gar zu häßliches Gesicht, ich würde sie für eine Schauspielerin gehalten haben. Sie ist eine wunderliche Erscheinung.

Der Hofmeister betrat sein Zimmer und machte Toilette. Nachdem er sich gestärkt und den Knechten Befehle ertheilt hatte, verließ er das Gasthaus. Er ging direkt nach dem Theater. Der Zettel kündigte ein neues Drama an, „den Erbschleicher". Das Drama liebte Herzog; erfreut nahm er einen Parketplatz. Das Haus füllte sich, das neue Stück zog Neugierige herbei. Rechts und links von dem bärtigen Oekonomen, der nachlässig auf seinem Sitze lag, befanden sich Offiziere der Garnison. Sie sprachen von dem neuen Stücke, das auf andern Bühnen bereits mit großem Erfolge gegeben sei und ließen das Bühnenpersonal die Revüe passiren. Die Vorstellung begann. Es ward nicht übel gespielt. Von Akt zu Akt steigerte sich das Interesse, das das Publikum an der Vorstellung nahm.

— Seltsam! murmelte Herzog. Der Kern des Stücks ist ja eine Diebsgeschichte, wie man sie sich heimlich in unserer Gegend erzählt. Und dieser Graf, der die alte Frau mit Hülfe des Pfaffen bearbeitet ... wer ist denn der Schauspieler?

Er sah auf den Theaterzettel.

— Engelbrecht vom Hoftheater in M. Der Kerl spielt vortrefflich! Und wie er den Grafen von Biberstein in Sprache und Haltung nachzuahmen versteht ... als ob er den braven Mann studirt hätte! Auch ist der Verfasser des Stücks gut unterrichtet Element, das ist keine zufällige Aehnlichkeit! Warten wir den Schluß ab.

Engelbrecht, der als Erbschleicher gastirte, erregte einen Enthusiasmus, wie er in den Annalen des Stadttheaters nicht verzeichnet stand. Man rief den Künstler nach jeder Scene, die er spielte. Als bei Eröffnung des Testaments der Graf für den frömmsten Mann und den Erben des enormen Vermögens erklärt wurde, rief von der Galerie herab die Stimme eines Schiffers:

— Der Schuft kriegt es doch!

Das diesen Worten folgende Gelächter ward durch den Beifall übertönt, den man stürmisch dem Gaste zollte. Nach der Vorstellung ging Herzog in ein renommirtes Weinhaus, das er stets zu besuchen pflegte, so oft er nach der Stadt kam. Er traf Bekannte, die sich von dem neuen Stücke unterhielten. Man war des Lobes voll und rühmte vorzüglich den Gast, der sich als einen Meister seiner Kunst bewährt.

— Wollen Sie ihn sehen? fragte der Wirth.

— Wen?

— Herrn Engelbrecht.

— Wo ist er?

— Dort am Tische.

Der Schauspieler saß still hinter seiner Flasche. Er trank, lächelte vor sich hin, und trank wieder. Die Gesellschaft schien ihm gleichgültig zu sein, er war nur mit sich selbst und der Flasche beschäftigt. Man beobachtete den Schauspieler, dessen bleiches Gesicht sich nach und nach röthete. Es bedurfte mehrer Flaschen, um den heißen Durst des Künstlers zu löschen. Herzog fand, daß die Züge Engelbrecht's einen eigenthümlichen Ausdruck hatten, ein

Gemisch von Geist und Lüderlichkeit, von Gutmüthigkeit und Ironie. Jemehr der Wein ihn begeisterte, desto brennender ward sein großes Auge, desto stärker wurden die Rauchwolken, die er seiner Cigarre entlockte. Es war spät in der Nacht. Die Gäste hatten sich, bis auf einige passionirte Trinker, entfernt. Zwei Gasflammen brannten noch und beleuchteten spärlich das große Zimmer. Der Wirth hatte sich entfernt, die Kellner schliefen. Der Oekonom ging zu dem Tische des Schauspielers; es drängte ihn, mit dem seltsamen Manne zu sprechen.

— Herr Engelbrecht, ich habe Sie diesen Abend bewundert!

— Freut mich; nehmen Sie Platz, mein Bester. Wer giebt mir die Ehre...?

— Ich bin ein Oekonom vom Lande.

— Ah, ein Mann mit gesundem Verstande, nicht blasirt wie die Städter. Trinken Sie mit mir eine Flasche. He, Kellner, Rüdesheimer!

Die Flasche kam, die Gläser wurden gefüllt. Engelbrecht war heiter, aber nicht, wie man nach der Menge des genossenen Weins vermuthen sollte, berauscht. Er sprach geläufig und sicher. Die Unterhaltung schien ihm willkommen zu sein.

— Mein Herr, sagte Herzog, der schlicht und gerade

seinem Ziele zu ging. Sie müssen den Erbschleicher gekannt haben.

Engelbrecht sah den Oekonomen an und fragte gedehnt:

— Wie? Was?

— Ich meine einen gewissen Grafen...

— Ah, hat's gezündet? Habe ich treffend portraitirt? Hm, fügte er plötzlich reservirt hinzu, die Rolle ist ein Paradepferd, ich reite es zuweilen gern. Da trifft es sich denn, daß dieser oder Jener eine Aehnlichkeit findet... Verehrter, es gehen wunderbare Dinge in der Welt vor! Stoßen Sie einen Spieß in die Erde, und Sie finden ein übertünchtes Grab, wo Blumen blühen. Reißen Sie den Leuten die Maske ab, denn Alle, Alle, die da wandeln und handeln, tragen Masken — und Sie finden einen Erbschleicher, einen Betrüger, einen Dieb, einen Heuchler, einen Gauner, einen Charlatan, einen Frömmler oder sonst einen Schuft. Herr, das sind die gefährlichsten Komödianten; die auf den Brettern sind harmlose Subjecte, sie haben weiter keinen Fehler als den Dünkel und die Eigenliebe — und dieser ist verzeihlich. Die armen Komödianten, wie werden sie verachtet und bei Seite geschoben! Ein Komödiant? ruft der Rentier mit Achselzucken. Ein Komödiant? flüstert der Frömmler, die Augen verdrehend. Ein Komödiant! näselt der Krautjunker, mit der Reitpeitsche knallend. Und nun, mein Bester, besehen Sie sich diese Leute genauer

.. bah, es ist ein widerwärtiges Kapitel! Trinken wir, trinken wir! Die Kunst soll leben und die Künstler!

— Sie haben Recht, mein Herr! sagte Herzog, nachdem er getrunken. Der Stand der Schauspieler wird nicht nach Verdienst gewürdigt. In unserer aufgeklärten Zeit hat man . . .

— Hübsche Schauspielerinnen gern! Das ist Modesache. Man ergötzt sich eine Zeitlang mit ihnen, dann läßt man sie laufen. Eine Schauspielerin darf nicht lieben, sie darf sich nur lieben lassen. Wozu ist sie denn da? ruft der reiche Mann, der sein Geld gestohlen hat. Für Geld kann man sich alle Genüsse des Lebens kaufen.

— In diesem Punkte gehen Sie zu weit, Herr Engelbrecht! murmelte Herzog, indem er sein Glas an den Mund brachte. Hübsche Schauspielerinnen sind kokett und lieben die Veränderung.

— Es giebt keine Regel ohne Ausnahme. Mein bester Herr Oekonom, haben Sie vielleicht eine Ausnahme kennen gelernt? Ah, Sie sehen düster in das Glas, zucken mit den Lippen . . . alte Liebe rostet nicht! Ich beklage Sie! Aber man bürdet der Ungetreuen vielleicht zu viel auf . . .

— Nein, nein!

— Eine Schauspielerin trägt stets die Schuld, man kennt das! Die Verhältnisse läßt man natürlich unberücksichtigt. Hören Sie einen analogen Fall. Ich habe einen jungen Freund, ein Talent, wie es kaum ein zweites giebt; aber auch ein rechtschaffener, braver Charakter, dem Schurkerei verhaßt ist. Die Liebe und Güte selbst, thut er Gutes nach Kräften und opfert sich auf für seine leidenden Mitmenschen. An demselben Tage, an dem der junge Mann das Haus verließ, ward dem Vater eine beträchtliche Summe gestohlen. Wer mußte nun der Dieb sein? Der Sohn, der Komödiant geworden war. Aber warum starren Sie mich so an? Was ist Ihnen, Verehrter?

— Sie kennen Friedemann Albers? stammelte Herzog.

Jetzt starrte Engelbrecht den Oekonomen an.

— Sind Sie . . . der Vater meines Freundes?

— Nein! Aber ich stehe dem Hause Albers nahe . . .

— Dann müssen Sie Herr Herzog sein!

— Ich bin es!

Der Schauspieler sprang auf und umarmte den Hofmeister.

— Der väterliche Freund Friedemann's ist auch mein Freund! rief er im Uebermaße der Freude. Champagner, vom besten! He, Kellner, Knabe, entreiße Dich den Armen des Schlummergottes! Champagner! Eine Bekanntschaft dieser Art muß bei dem süßesten Nektar gefeiert werden!

Die neuen Freunde waren noch die einzigen Gäste. Ueber ihren Häuptern brannte die letzte Gasflamme. Die übrigen Theile der geräumigen Weinstube lagen im Dunkeln. Es fing an kalt zu werden, das Feuer im Ofen war erloschen. Herzog, aufgeregt von dem Weine, schilderte die Zustände in Albers' Hause und verschwieg auch nicht, daß man die Mappe, welche die Werthpapiere enthalten, in Friedemann's Zimmer gefunden habe.

— Und trotzdem ist Friedemann der Dieb nicht! behauptete Engelbrecht. Der brave Mann, der aller Welt hilft, wird seinem Vater nicht Nachtheil zufügen. Auch der Rekrut ist unschuldig . . .

— Sie wissen es?

— Friedemann hat mir Alles erzählt! Und nun wissen Sie denn, daß ich gekommen bin, das Terrain zu sondiren und die Spitzbubengeschichte aufzuklären. Hier ist mein Creditiv — ein Brief von Friedemann an Herrn Herzog.

Der Hofmeister las die Zeilen von der ihm bekannten Hand.

— Herzlich gern, rief er bewegt aus, werde ich Ihnen zur Seite stehen, wie es Friedemann verlangt, und auch Lottchen wird nicht säumen, eine Rolle zu übernehmen. Wann sehen wir Sie in Hochstädt?

— Ich spiele noch zweimal den Erbschleicher, dann reise ich ab. In welcher Gestalt Sie mich sehen werden, weiß ich noch nicht; aber sehen werden Sie mich. Der

Komödiant, der den Erbschleicher auf der Bühne spielt, kann auch einmal eine Rolle in dem Büreau des Landraths von Kirchhaus spielen. Wir hätten den guten Mann längst auf das Theater gebracht, wenn er nicht Antonien's Vater wäre.

— Herr, hegen Sie Verdacht?

— In Hochstädt erfahren Sie mehr, nachdem ich die Bekanntschaft eines gewissen Gensdarmenwachtmeisters gemacht habe, von dessen Spürnase mir Friedemann so Manches erzählt hat.

Als Herzog am andern Morgen erwachte, war sein Kopf wüst; er hatte lange nicht so viel Wein getrunken. Die Unterredung mit dem Schauspieler kam ihm wie ein Traum vor. Er mußte sich auf die Einzelnheiten besinnen, um an die Wirklichkeit zu glauben. Der Brief Friedemann's lieferte ihm den thatsächlichen Beweis. Es war spät geworden, die Geschäfte mußten besorgt werden. Schon nach zwei Stunden war das Getreide verkauft und Herzog's Taschenbuch mit Banknoten gefüllt. Die leeren Schlitten fuhren der Heimath zu; der Hofmeister hatte dem Großknechte einen Brief mitgegeben, in dem er seine Ankunft in Hochstädt auf den folgenden Tag festsetzte. Gegen Mittag stand er in dem Vorzimmer eines der ersten Advokaten der Stadt. Ein Schreiber sagte ihm, daß der Chef bereits Conferenz habe.

— So werde ich später zurückkommen. Fragen Sie den Herrn Advokaten, wann er mich diesen Nachmittag empfangen könne.

Statt des Schreibers erschien der Rechtsanwalt, ein bejahrter Herr mit greisem Haupte, selbst.

— Lieber Herzog, Sie werden bleiben! rief er in froher Hast.

— Aber Sie haben Geschäfte, und ich bleibe heute noch hier.

— Sie stören mich nicht nur nicht, Sie kommen sogar sehr gelegen.

— Haben Sie mir Mittheilungen zu machen?

— Die besten, die Sie wünschen können. Ich bitte, folgen Sie mir.

Beide traten in das Arbeitskabinet. Auf dem Stuhle neben dem warmen Ofen saß eine Frau, und in dieser Frau erkannte Herzog die unbemittelte Reisende, der er Tags zuvor ein Plätzchen auf dem Schlitten eingeräumt und einen Thaler geschenkt hatte. Die Alte erhob sich und grüßte, nicht ohne Verlegenheit. Dann fragte sie, wann sie wiederkommen solle.

— Unser Geschäft, Madame, ist so wichtig, daß es keinen Aufschub erleidet. Ich bitte, behalten Sie Platz.

Der Advokat hatte diese Worte so respectvoll gesprochen,

als ob er sie an eine hochgestellte Dame richtete. Die Alte entgegnete stolz und kalt:

— Ich stehe gern diesem Herrn nach!

— Bleiben Sie, ich bitte darum.

Er führte die Alte nach dem Platze neben dem Ofen zurück, bot dem Oekonomen einen Stuhl an und trat an sein Pult, das mit Papieren bedeckt war. Die Fremde war nicht minder erstaunt, als Herzog. Sie blieb stehen und sah verwundert den Rechtsanwalt an, der im Geschäftstone begann:

— Der Prozeß, Madame, den ich im Namen Ihrer Mutter geführt, ist gewonnen, wie ich mir bereits erlaubte, Ihnen mitzutheilen. Dieses glückliche Resultat zu berichten war mir leider nicht gestattet, da die Klägerin gestorben und die einzige Tochter derselben nicht zu ermitteln war. Meine Aufrufe in den Zeitungen blieben erfolglos. Als Bevollmächtigter Ihrer Familie hielt ich es für Pflicht, das gewonnene Kapital von fünfundzwanzigtausend Thalern sicher anzulegen und meine Forschungen nach der Erbin fortzusetzen, von der sich annehmen ließ, daß sie noch lebte und meine Aufforderungen nicht gelesen hatte. Es besteht heute aus vierzigtausend Thalern. Ihrem Sohne, Madame, der in der königlichen Garde dient, habe ich bereits namhafte Unterstützungen zukommen lassen, und ich hoffe,

Sie werden die zu diesem Zwecke gemachten Ausgaben genehmigen.

— Meinem Sohne? fuhr die Frau auf.

— Leo Bonhorst, dessen Namen ich in einem Theateralmanach fand. Ich schrieb an ihn, und er kam auf der Reise zu seinem Regimente zu mir. Nachdem er sich legitimirt, nahm ich keinen Anstand, den Hülfsbedürftigen zu unterstützen.

— Und Leo ist Schauspieler?

— Gewesen, Madame. Der kenntnißreiche junge Mann ist bereits Fähndrich, und ich hoffe, er wird die Militair-Carriöre nicht wieder aufgeben, da ihm die Protection seines Regiments-Chefs, des Oberst von Bonhorst, ihres Onkels, Madame, gesichert ist. An der Identität Ihrer Person kann ich zwar nicht zweifeln; aber Sie verzeihen mir, dem gewissenhaften Rechtsanwalte, wenn ich außer Ihren Papieren noch andere Bürgschaft fordere, bevor ich Ihnen das Kapital auszahle.

Die Frau zitterte heftig, als sie fragte:

— Was fordern Sie denn noch?

— Einen Bürgen.

— Mein Herr, es wird unmöglich sein, dieser Forderung zu genügen. Wo finde ich Leute, die mich früher gekannt haben? Und wenn ich sie finde, werden sie mich wiedererkennen? Krankheit, Gram und Elend haben mich entstellt, haben mich vor der Zeit alt gemacht. Niemand wird es glauben, daß dieses von Pocken zerrissene Gesicht, dieses weiße Haar, diese hagern Glieder Leonore von Bonhorst angehören, die einst . . .

Sie brach in lautes Weinen aus und verhüllte ihr Gesicht mit einem Kattuntuche.

— Selbst mein Sohn, schluchzte sie, wird mich nicht erkennen!

Herzog war auf seinem Stuhle hin und her gerückt. Bald hatte er die Arme gekreuzt, bald mit der Hand das Haar durchwühlt. Seine Augen waren feucht geworden. Plötzlich sprang er auf.

— Herr Advokat, rief er mit bebender Stimme, erkennen Sie meine Bürgschaft als gültig an?

— Herr Herzog ist mir ein zu ehrenwerther Mann...

— Wohlan, so bezeuge ich, daß Leonore von Bonhorst Ihnen gegenüber steht. Krankheit, Gram und Elend haben sie entstellt; aber es giebt noch andere Merkmale...

Er konnte nicht weiter reden; die heftigste Bewegung übermannte ihn.

Der greise Rechtsanwalt, der absichtlich so und nicht anders seinen Vortrag eingerichtet hatte, entfernte sich jetzt mit den Worten: „Erklären Sie sich gegenseitig; ich kehre zurück, sobald ich meinen Leuten die nöthigsten Arbeiten zugewiesen habe."

IV.

— Ernſt! Ernſt! ſtammelte die Frau, die ſich zitternd mit beiden Händen an der Lehne ihres Stuhls hielt.

Herzog trat ihr bewegt näher.

— Leonore, rief er, ſo müſſen wir uns wiederſehen?

Sie wiegte ſchmerzlich das greiſe Haupt. Plötzlich aber ſah ſie auf und jener kalte Stolz malte ſich in ihren Zügen, den ſie geſtern in dem Gaſthauſe an der Landſtraße gezeigt hatte.

— So ſehen wir uns wieder! flüſterte ſie ganz leiſe. Es wäre wohl beſſer geweſen, unſere Wege hätten ſich nicht gekreuzt. Das erſte Almoſen, das die Baroneſſe von Bonhorſt anzunehmen gezwungen war, hat ſie von dem treuloſen Vater ihres Kindes erhalten. Dieſe Demüthigung verbittert das Glück, das der brave Rechtsanwalt mir für meine alten Tage bereitet hat. Die alte Schauſpielerin, mein Herr, dankt es Ihnen; aber die Baroneſſe . . .

Als ob ein ſtechender Schmerz ihr Herz durchzuckte, preßte ſie beide Hände auf die Bruſt.

— Leonore, fragte Herzog, wer von uns trägt die Schuld? Wer hat das Band gelöſt, das Gott ſelbſt geheiligt? Ich habe furchtbar gelitten, nachdem ich mein irdiſches Gut und die Braut verloren, an der ich mit meinem ganzen Leben hing. Gern geſtehe ich ein, daß der Wunſch, die Zerſtörerin meines Seelenfriedens nie geſehen zu haben, tausendmal in mir aufgestiegen; aber ich habe ihr nie gegrollt, weil ich sie stets liebte.

— Sie sprechen noch von Liebe, mein Herr? rief Leonore erregt. Die wahre Liebe mißtraut der Geliebten nicht, sie achtet ihre Ehre und glaubt ihren Versicherungen. Die Baronesse war zu stolz, um Verdächtigungen zurückzuweisen, die jede Andere, nur sie nicht, treffen konnten. Nicht aus Leichtsinn ward ich Schauspielerin — ich ward es, um zu erwerben, um meine alte Mutter und mein Kind zu versorgen. Die Baronesse, Herr Herzog, konnte wohl Schauspielerin werden, aber sie vermochte nicht es über sich zu gewinnen, Unterstützungen von dem Manne anzunehmen, den die Hand des Priesters ihr nicht angetraut hatte. Sie werden sich auf den Rittmeister Florentin von Kirchhaus berufen wollen, der mir in jener verhängnißvollen Zeit einige Besuche abstattete ... der schöne Offizier, wie Sie ihn in ihrer Verblendung nannten, der mir ebenbürtige Edelmann ... jetzt mögen Sie erfahren, wer er war, jetzt will ich mich rechtfertigen ... er war der Sohn des Mannes, der meiner armen Mutter das Vermögen streitig machte; der Sohn des Mannes, der meinem Vater die Ehre geraubt. Ich empfing ihn, der mich glühend liebte, um ihn der Verzweiflung preiszugeben, um mich zu rächen. Das ist das Geheimniß, das ich Ihnen damals verschwieg, weil ich zu stolz war, mich zu rechtfertigen. Hätte ich dem Rittmeister meine Gunst geschenkt, so würde ich seine Gattin, nicht Schauspielerin geworden sein. Aber ich verachtete, ich haßte ihn, und ließ es auf den weitschichtigen Prozeß ankommen, dem ich durch eine Verbindung mit dem jungen Baron sofort e n Ende machen konnte. Durfte ich nun meine Mutter darben lassen, die sich großmüthig meines Kindes annahm? Ich ward Schauspielerin! Daß ich meine Verirrung verbarg, werden Sie erklärlich finden, da Sie meinen Charakter kennen. Die Welt mag mich darob verdammen, daß mein Stolz mächtiger war als meine Mutterliebe; ich gräme mich dessen nicht, denn ich habe so lange redlich gesorgt, als ich konnte, ich habe oft gedarbt, um meinen Sohn und meine Mutter vor Mangel zu schützen. Da erfaßte mich die Krankheit, deren Spuren Sie in meinem Gesichte sehen. Ich habe lange den Umgang mit Menschen meiden müssen. Als ich genesen, war ich verunstaltet; die Directoren wiesen die Person ab, die mit einem zerrissenen Gesichte Heldenmütter spielen wollte. Nun wählte ich das komische Fach. Aber Niemand ward ergötzt durch meine Komik, denn hätte ich auch Talent zu dem neuen Rollenfache gehabt, mein gram- und grollerfülltes Herz würde die Geltendmachung desselben nicht gestattet haben. Ich mußte wandern von Stadt zu Stadt, von Dorf zu Dorf, von Schenke zu Schenke. Ich suchte den Wohnort meiner Mutter auf. Die alte

Dame war gestorben, lange, lange schon. Die alte Magd, die der gegenwärtigen Besitzerin des Hauses an der Mosel dient, sagte mir Alles, was sie wußte. Meine letzten Geldsendungen hatte ein Pfaff unterschlagen und mein Sohn, der in einem Seminar gewesen, war Schauspieler geworden. So wanderte ich weiter und lebte von den Unterstützungen, die mir die Bühnen spendeten. Das Gefühl, allein und verlassen in der Welt zu stehen, trieb mich an, nach dem Sohne zu forschen. Niemand wußte, wo er geblieben war. Da ich doch wandern mußte, nahm ich mir vor, bei allen Theatern zu fragen ... bis der Tod meinem Jammerleben ein Ende machen würde. Vor einigen Wochen kaufte ich mir in einem Städtchen Lebensmittel; die Verkäuferin schlug sie in ein Zeitungsblatt. Ich las das beschmutzte Papier, um den endlosen Abend in einer elenden Dorfschenke zu kürzen ... da fiel mir der wiederholte Aufruf des Rechtsanwalt in die Augen ... ich wanderte weiter, an den Prozeß dachte ich nicht, wohl aber an meinen Sohn. In dem einsamen Gasthause mußte ich ruhen, die Kräfte hatten mich verlassen ... da kamen Sie, und erbarmten sich meiner, die ich von Ungeduld verzehrt ward, die Stadt zu erreichen. Die hülflose Schauspielerin, Herr Herzog, ist Ihnen verpflichtet, aber die Baronesse ...

Der Oekonom hatte rasch ihre zitternde Hand ergriffen.

— Ich habe nie die Baronesse, ich habe stets nur Leonore geliebt, die Gouvernante, die in dem Hause des Konsul's geachtet und geehrt ward. Als Du verlangtest, und Du konntest es mit Recht verlangen, daß ich Dich vor der Welt als meine Gattin anerkenne, war ich weder Herr meines Willens noch meines Vermögens. Ich hatte Rücksichten zu nehmen, die gebieterisch Klugheit und Vorsicht forderten. Damals war ich ein Sklave meiner Verhältnisse. Wüßtest Du, was ich aufgeboten, um mich frei zu machen! Wüßtest Du, wie ich gelitten habe, als ich von der Reise zurückkehrte und Deinen Brief vorfand, der mir in stolzen Ausdrücken den Vorwurf machte, daß ich entweder ein Feigling sei, der den Muth nicht habe, Vorurtheile zu besiegen, oder ein Heuchler, der Liebe gelogen und sich nun von der Entehrten abwende. Diese Worte waren Dolchstiche für mein Herz, das nur Dein Bestes und das Glück unsers Kindes wollte. Ich eilte in Deine Wohnung. Da begegnete mir der Rittmeister. Er ging mit einem Lächeln an mir vorüber, das mir das Blut erstarren machte. Die Magd sagte mir, Du seiest abgereis't; und dennoch erfuhr ich, daß Deine Abreise erst am folgenden Tage stattgefunden. Wohin Du gegangen, konnte ich nicht ermitteln. In meiner Pein verschmähete ich es nicht, mich an den Rittmeister von Kirchhaus zu wenden. Und was antwortete er mir? „Dummstolzer Bauer, eine Baronesse ist nicht für ihn; Leonore von Bonhorst hat ihren Mann schon gefunden". Es kam zum Wortwechsel, und wenig fehlte, so hätte mich der Reitknecht des Edelmann's, der im Auftrage der Witwe von Bonhorst zu handeln vorgab, auf die Straße geworfen. Ich mußte den Worten des Mannes schon glauben, da Leonore sich von mir abgewendet hatte. Mir schwindelte der Kopf, wenn ich Alles überdachte; es war unmöglich, Sinn und Zusammenhang in die Verhältnisse zu bringen. Mir blieb keine andere Schlußfolgerung als die: Leonore verschmäht den bürgerlichen Oekonomen, ihr Stolz ist größer als ihre Liebe. Zwei Jahre später war ich Herr meines Willens und meines Vermögens. O, wäre damals Leonore noch dieselbe gewesen, die sie mir in der ersten Zeit unserer Liebe war! Ein Mißmuth bemächtigte sich meiner, den ich nicht besiegen konnte. Ich übernahm die Pachtung einer großen Domäne. In der Eigenschaft als Domänenpächter kam ich oft in die Residenz. Wer begegnete mir auf einer Promenade? Leonore mit dem Rittmeister, der Civilkleider trug. Mein scharfes Auge erkannte Beide auf den ersten Blick. Leonore, in der elegantesten Herbsttoilette, sprach freundlich und erregt zu ihrem Begleiter, der stolz und kavaliermäßig ihren Arm in den seinigen hielt. Sie bemerkten mich nicht, und traten in ein großes Hotel, dasselbe, in dem ich wohnte. Ich sah das Paar an der table d'hôte. Meine Nachbarn flüsterten sich zu: die Schauspielerin G. hat eine Eroberung gemacht. Ich fragte und erfuhr, daß Fräulein G. Hofschauspielerin sei und nicht selten mit dem Herrn, dessen Namen die Gäste nicht wußten, an der Tafel erscheine. Denselben Abend sah ich Fräulein G. auf der Bühne. Ich konnte nun nicht mehr bezweifeln, daß die Leonore, die ich betrauerte, eine gefeierte Schauspielerin geworden, daß sie ein lustiges Leben führte, während an mir der Gram zehrte. Ich kam oft noch in die Residenz, besuchte aber nie mehr das Theater. Später hörte ich, daß Fräulein G. verschwunden sei. Nun trat eine Zeit ein, die eine betrübende Zerstreuung bewirkte. Mißwachs, Hagelschlag und Ueberschwemmung zerstörten mir die Erndten. Ich verlor mein Vermögen und mußte die Pachtung aufgeben. Als ein ruinirter Mann trat ich in die Dienste eines Freundes, der mich nicht wie einen Verwalter, sondern wie einen Bruder hält. Unser nächster Gutsnachbar ist der Baron von Kirchhaus, der ehemalige Rittmeister. Der übermüthige Mann mag wohl wissen, wer ich bin, denn er läßt seinen Groll aus, sobald sich eine Gelegenheit findet. Zum Glücke kann er uns nicht schaden, seine Pfeile prallen an dem Panzer ab, den der Reichthum bildet. Mit dem Baron steht es schlecht, mit uns gut. Da kam plötzlich der Rekrut Bonhorst zu uns in das Quartier. Der arme junge Mann ward gefährlich krank. Wir verhinderten seinen Marsch und verpflegten ihn. In seinen

Fieberträumen phantasirte er von seiner Mutter, die er nicht kannte. Er wähnte sie in Mangel und Elend und beklagte das Loos, das ihn betroffen, da er nun nicht für die Hülfsbedürftige sorgen könne. Ich habe oft an seinem Bette gestanden und mit bangem Herzen gelauscht. Eine goldene Kapsel mit zwei Haarlocken, die der Kranke auf der Brust trug, sagte mir, wer Leo sei; sie sagte aber auch, daß die Mutter meiner gedachte, indem sie das einzige Geschenk bewahrt, das sie von mir einst angenommen. Nun ließ der Baron, der zugleich Landrath ist, seinen Groll aus. Der Name Bonhorst mochte ihm auffallen; er wollte den Rekruten in ein Lazareth schaffen. Ich mußte es zu verhindern, stattete ihn aus und brachte ihn zu dem Rechtsanwalte, der ihn durch einen Brief zu sich geladen hatte. Nun ergab sich das Uebrige von selbst, und Leo trat als ein Kavalier in den Militärdienst, den er hoffentlich nicht wieder verlassen wird. Und damit ich Nichts verschweige, füge ich noch hinzu, daß Leo die Tochter meines Freundes, eines reichen Gutsbesitzers, liebt, und von der reizenden Charlotte, die ihn unter Todesangst während der Krankheit gepflegt hat, warm und aufrichtig wiedergeliebt wird.

Leonore hatte gespannt zugehört; eine tiefe Bewegung sprach sich in ihren Zügen aus. Plötzlich fuhr sie auf.

— Ernst, Ernst, rief sie, wie von einem bittern Gefühle angestachelt, der Rittmeister bewarb sich um meine

Hand, wahrscheinlich weil er den Ausgang unsers Prozesses ahnte; er sprach davon, daß er mich als eine Witwe betrachte, wolle Mutter und Kind seinen Namen geben . . . ich wies ihn zurück, weil ich ihn nicht lieben konnte, weil ich ihn haßte. Du hast Dich Leo's angenommen, der von seiner Großmutter das Medaillon erhalten, das Dir als Erkennungszeichen diente . . . Ernst, nun will ich auch bekennen, daß ich stets treu an dem Vater meines Kindes gehangen, daß ich seinetwegen die vortheilhaftesten Anträge abgelehnt, als mich die Welt noch schön und eine Künstlerin nannte, und daß ich zu spät meinen Stolz bereuete, der alle und jede Verleugnung der Verhältnisse forderte. Nun bin ich alt und häßlich geworden, von der stolzen Schönheit ist auch nicht eine Spur mehr vorhanden . . . wärst Du reich, so würde Dir die häßliche Alte sagen, ich habe Dich nie aufrichtig geliebt, die Baronesse hat ein Spiel mit Dir getrieben, das sie ernstlich und bitter bereuet . . . aber jetzt bin ich reich, und darum sage ich Dir die volle Wahrheit . . . Ernst, ich habe viel gelitten, ich war toll, wahnsinnig . . . aber ich bin Dir treu geblieben! Für meinen Sohn habe ich mütterlich gesorgt, wenn ich ihn auch nicht sehen wollte. Die Kunst sollte mir Alles ersetzen, sie sollte mich betäuben und in einer Sphäre erhalten, die mein Stolz wünschte; sie hat mich im Stiche gelassen, und ich bin zu der Erkenntniß gelangt, daß die realen Verhältnisse wohl einige Beachtung verdienen. Nimm mein Geld, beginne von Neuem und gieb Deinem Sohne den Namen, der ihm gebührt.

Als der Advokat eintrat, lag Leonore weinend an der Brust ihres Ernst.

Sechstes Kapitel.

Der alte Moses.

Es war Thauwetter. Die Schneedecke war halb geschmolzen und ein heftiger Regen vergrößerte die Seen und Teiche, die sich auf der durchweichten Erde gebildet. Flüsse und Bäche rauschten über von der sie füllenden Wassermasse.

Da schritt gegen Abend ein Wanderer auf der blinkenden Straße hin, die an Hochstädt vorüberführt. Nicht achtend des tiefen Kothes verließ er die Straße, die dem Fuße eine geringe Stütze bot, und näherte sich der Dorfschenke, nachdem er einen Mann um den Weg dahin befragt.

— Kann ich hier logiren? fragte er mit rauher Stimme, indem er, ohne zu grüßen, das Gastzimmer betrat.

Der Wirth machte seine Antwort von der Inspection abhängig, welcher er den Gast unterwarf. Er sah den Fremdling forschend an. Dieser hatte wenig Empfehlendes. Schlechte, zerrissene Kleider und ein Bündel, das kaum den Namen eines solchen verdient, denn ein altes Kattun=schnupftuch, das Nichts enthält als ein Paar Holzpantoffeln, ist wohl eigentlich ein Bündel nicht zu nennen . . bereiten einem Reisenden keinen freundlichen Empfang.

— Wer seid Ihr denn? fragte grob der Wirth, ein Bauer von vierzig Jahren.

Der Wanderer saß auf der Ofenbank, zog die durch=näßten Stiefel aus und holte Strümpfe und Pantoffeln aus dem Schnupftuche, ohne die Erlaubniß zum Bleiben abzuwarten. Er sah mit seinen großen, feurigen Augen auf.

— Wer ich bin?

— Nun ja.

— Das ist eine sonderbare Frage. Ich bin ein Mensch, der hungrig, durstig und müde ist. Wäre ich es nicht, so hätte ich Euere Kneipe nicht aufgesucht. Gebt mir Speise und Trank.

Er zog die langen blauen Strümpfe bis über das Knie empor, schob die Füße in die Holzpantoffeln und hing das Schnupftuch zum Trocknen an den Ofen. Den durchnäßten

Rock hing er über die Lehne eines Stuhls, den er dem Ofen näher rückte.

— Mann, rief der Wirth, denn eine solche Keckheit noch nicht vorgekommen, Ihr thut ja, als ob Ihr zu Hause wäret! Wißt Ihr denn, ob ich Euch behalten will?

— Natürlich. Wer ein Wirthshaus hält, muß jeden Gast aufnehmen. Das ist in der ganzen Welt so.

— Könnt Ihr denn auch bezahlen?

— Dumme Frage! rief mürrisch der Fremde. Hier ist ein Friedrichsdor, ein vollwichtiger Preuße. Nun schafft das Beste her, das Ihr habt. Wein, wenn er zu genießen ist!

Der arme Teufel, der bei dem schlechten Wetter zu Fuße wanderte und traurig bekleidet war, warf ein glänzendes Goldstück auf den Tisch. Lumpen und Gold! Das war unerhört! Und dabei ließ der Vagabund, denn dafür mußte man ihn halten, in der nassen und schmutzigen Hand noch ein Dutzend Goldmünzen sehen. Der Wirth, ein schlauer Bauer, verbarg sein Erstaunen, brachte Wein und nahm den Friedrichsdor, den er bei näherer Untersuchung echt fand. Der Gast prüfte den Wein mit Kennermienen, schnitt ein Gesicht, als ob er sagen wollte „nun, er läßt sich trinken", begann wacker zu zechen und forderte Braten und Salat. Der ersten Flasche mußte bald eine zweite folgen. Die Wirthin brachte Licht. Der Zecher kniff ihr scherzend in den runden Arm und murmelte ihr ein plumpes Compliment zu. Wahrlich, die Wirthin war ein schmuckes Weibchen von achtundzwanzig Jahren, fast zu gut für den robusten, bärbeißigen Gemahl. Sie trocknete den Arm mit der Schürze, den der zudringliche Zecher berührt hatte, und trat schweigend hinter den Schenktisch zurück. Die Macht des Goldes bewährte sich auch in der Dorfschenke. Man duldete den Vagabunden, ließ ihn scherzen und deckte ihm sogar den Tisch mit einem schneeweißen Leinentuche. Als er begierig zu essen begann, trat der Gensdarm ein. Wir kennen den braven Mann, es war der Wachtmeister, der im ganzen Kreise Gefürchtete. Der Wirth brachte ihm das volle Glas entgegen und deutete dabei auf den Gast, der sich seltsam hinter dem wohlbesetzten Tische ausnahm. Das Auge des Sicherheitsmannes glänzte wie das einer Katze, die eine Maus sieht.

— Hm, murmelte er, der zerlumpte Kerl ißt Braten und trinkt Wein?

— Er hat die Tasche voll Goldstücke! flüsterte der Wirth.

— Auch das noch! Der Kerl ist verdächtig. Habt Ihr seine Papiere, Freund?

— Nein, Herr Wachtmeister. Ich wußte ja, daß Sie kamen.

— Vielleicht können wir einen Fang machen. Es wird viel gestohlen in unserm Kreise.

Der Gensdarm ließ sich das Glas noch einmal füllen, trank es aus und ging mit klirrendem Säbel zu dem Fremden, der sich sorglos gütlich that.

— He, woher kommt Er? fragte er barsch.

Der Gast ließ sich in seinem Genusse nicht stören. Er schlürfte behaglich von dem Weine, ehe er antwortete:

— Herr Oberst, ich komme von M. Das war ein saurer Marsch. Ah, da muß man sich stärken! Trinken Sie mit mir, Herr Oberst... das Wetter ist feucht und kalt! Wirth, rief er mit heiserer Stimme, noch ein Glas und eine Flasche! Wollen Sie essen, Herr Oberst? Noch ein Couvert! Moses speif't gern in anständiger Gesellschaft.

Der Wachtmeister gebot Ruhe und forderte den Paß.

— Paß? Paß? Da fällt mir ein, daß ich mein Taschenbuch mit sämmtlichen Papieren verloren habe. Das trifft sich schlecht, Herr Oberst! O, den Paß bedaure ich nicht, aber die andern Dinge. Trinken Sie, essen Sie, Herr Oberst! Ich komme nach einem Monate zurück und zeige Ihnen meinen Paß. Was kann Ihnen auch für den Augenblick daran liegen?

Der Reisende mußte wahnsinnig oder betrunken sein. Er hatte durchaus keine Furcht vor dem bewaffneten Sicherheitsmanne, der ihn mit strengen Amtsmienen anstarrte.

Einzelne Gäste, die indeß eingetreten, umstanden den Tisch. Dem Gensdarmen lag daran, seine Autorität aufrecht zu erhalten, die der joviale Ton des Fremden zu gefährden schien.

— Genug! donnerte der strenge Mann. Wer ist Er? Was will Er hier? Wohin geht Er?

Der Vagabund schüttelte lächelnd seinen dicken Kopf.

— Wer ich bin?

— Ja!

— Sie würden es mir doch nicht glauben, wenn ich es Ihnen sagte. Darum will ich schweigen. Was ich hier will? Sie sehen es und ich lade Sie zu Gaste ein. Wohin ich gehe? Das wissen die Götter.

— Aufgepackt! Fort!

— Wohin?

— Auf das Landrathsamt. Der Kerl ist verdächtig, er muß unter Schloß und Riegel gebracht werden. Mit uns spaßt man nicht, auch wenn man die Tasche voll Geld hat. Fort, auf der Stelle!

Der Gast antwortete pathetisch:

— Edler Don, vergönnen Sie, daß ich mein Mahl vollende. Nach Tische bin ich aufgelegt zu gemüthlicher Unterhaltung, und an Unterhaltung, hoffe ich, wird es auf Ihrem Amte nicht fehlen. Aber hütet Euch, vielehrenwerther Mann, mich zu reizen, denn ich bin ... da hätte ich Euch fast gesagt, wer ich bin.

— Nun, wer ist Er denn? Rücke Er nur heraus mit der Sprache! Ich befehle es Ihm!

— Der Jude Moses! flüsterte ein Gast.

Der Vagabund erhob sich, stützte sich mit beiden Händen auf den Tisch und sah ironisch lächelnd den Kreis der Umstehenden an.

- Ich bin der Teufel! rief er mit schneidender Stimme. Und der Teufel, Ihr Herren, Ihr wißt es vielleicht nicht, läßt nicht mit sich spaßen. Ich krieche durch die Schlüssellöcher in die Häuser und fahre durch die Schornsteine wieder hinaus. Und dann stinkt es gewaltig in dem Hause, das ich verlasse. Ich bitte Euch, Oberst, lasset mich in Ruh' und reizt mich nicht. Ich gebe Euch auch meine schönsten Kunststücke zum Besten. Wollt Ihr Geld? Doch, das braucht Ihr nicht, Ihr seid reich genug. Wollt Ihr Euere zukünftige Frau sehen? Ihr seid nicht verheirathet, ich weiß es! Ah, leugnet, wenn Ihr könnt! Meine Spürnase wittert Euern Junggesellenstand. Vertrauet mir, edler Held, ich bring' Euch unter die Haube. Die Polizei wird stets am Besten bedient, selbst vom Teufel!

Jetzt riß dem Wachtmeister die Geduld. Er packte den Vagabunden beim Kragen seiner blauen Unterjacke und zog ihn hinter dem Tische hervor.

— Taugenichts, rief er zornig, Du wagst es, Beleidigungen auszustoßen? Versuche es, ob Du durch den Schornstein entkommen kannst, wenn ich die Riegel gesperrt habe. Nun fort, ich habe schon zu lange Nachsicht gehabt.

Er stieß den Fremden von sich. Dieser, der Holzpantoffeln trug, ging klappend zu dem Ofen, zog seinen Rock an, setzte den zerdrückten und durchlöcherten Hut auf und griff zu seinem knotigen Wanderstabe.

— Bin fertig, Oberst! rief er. Kann nun gehen, wenn ich doch einmal gehen muß.

Dabei schlug er mit der linken Hand auf den Deckel seines Hutes, stützte sich mit der rechten auf den Stock und setzte die plumpen Füße in die dritte Tanzposition. Der Wachtmeister stieß ihn vor sich her zur Thür hinaus in das Freie. Es regnete nicht mehr, ein gelinder Frost hatte sich eingestellt. Am Himmel glänzten durch zerrissene Wolken die Sterne. Es schlug sechs Uhr, als der Sicherheitsmann mit dem Verhafteten das Vorzimmer des Landrathsamtes betrat. Die Büreaux waren bereits geschlossen. Es war Sonnabend, man hatte zeitig die Arbeit eingestellt. Der Gensdarm überlegte einige Augenblicke, dann nahm er einen der Schlüssel, die an der Wand hingen, und brachte den Vagabunden, der sich gleichgültig führen ließ, auf einen Korridor, wo sich die Amtsgefängnisse befanden. Ein Diener brachte eine Laterne. Fünf Minuten später befand sich der Vagabund in einer kleinen Zelle zwischen festen Mauern. Eine Pritsche und ein irdener Wasserkrug bildeten das Mobiliar des kalten, ungemüthlichen Raumes. Der Gefangene rümpfte die Nase und fragte, ob er hier bleiben solle? „Ja!" war die kurze Antwort. „Und wie lange?" „Bis übermorgen!" Der Vagabund seufzte und setzte sich ruhig auf die Pritsche. Der Wachtmeister übergab den Arrestaten dem Schließer und ging, um Meldung zu machen. „Will Er Brod haben?" fragte rauh der Schließer, ein alter, grämlicher Mann. „Danke, Freund, ich habe bereits mein Nachtessen eingenommen; aber schaffen Sie mir eine Decke und was sonst zu einem bequemen Lager. gehört. Dieses Gestell paßt für einen Hund, aber nicht für einen Menschen, der Nichts verbrochen hat, als seinen Paß verloren zu haben. Hier ist ein Goldstück für die nächste Nacht.

Der Vagabund zeigte den blinkenden Inhalt seiner Tasche. Es waren gegen fünfzig Goldstücke, die er durch die Finger gleiten ließ. Der Schließer starrte den reichen Vagabunden an.

— Na, wo hat Er denn das Geld gestohlen? fragte er nach einer Pause.

— Freund, sprechen Sie nicht so dumm. Ein Geschäftsmann muß stets Betriebskapital haben.

— Was für Geschäfte treibt Er denn?

— Ich bin ein reisender Banquier, kaufe von den Bauern Staatspapiere, Eisenbahnactien und wechsele alle Sorten Geld. Dabei fällt mitunter ein kleiner Gewinn ab. Du lieber Gott, man muß sich mit Wenigem begnügen, die Zeiten sind schlecht. Sie wundern sich über meinen Anzug? Mein Freund, ich könnte einen feinen Rock tragen, aber ich will nicht. Es wird keinem Strolch in den Sinn kommen, mich anzufallen und zu berauben… Vermuthet man unter solchem Tuche Goldstücke? Nein. Da hat mich der Gensdarm arretirt; ich werde mich vor dem Herrn Landrathe schon rechtfertigen. Wie kann ein armer Jude gefährlich sein? Du lieber Gott, man macht sein Geschäftchen so gut es gehen will.

— Ist Er denn ein Jude?

— Will's nicht leugnen, Freund! Die Christen machen mit Juden lieber Geschäfte als mit Ihresgleichen. Haben Sie, Herr Schließer, Papiere zu verkaufen, die im Kasten vergilben, so können wir ein Geschäftchen machen. Ich zahle baar und bringe die Papiere wieder an den Mann, wenn die Course hoch stehen. Was weiß der Bauer von Coursen? Uebrigens ist in dieser Gegend Nichts zu machen, ich schlage die Reisekosten nicht heraus. Sobald ich auf freiem Fuße bin, wandere ich weiter. Ach, es ist ein recht mühseliges Leben!

Der Gefangene hatte diese Worte traurig und mit zit-

ternder Stimme gesprochen. Seine Glieder bebten vor
Frost. Ein Bild des Jammers saß er auf der harten
Lagerstatt, die schon manchen Verbrecher getragen hatte.
Der Schließer beobachtete ihn, dem Anscheine nach mit=
leidig. Er überlegte, ob er die Bitte des Alten erfüllen
sollte. Dieser holte die Goldstücke aus der Tasche, zählte
und knüpfte sie in das feuchte Schnupftuch. Der Anblick
des Goldes mochte den Schließer reizen. Er gab zu erken=
nen, daß er wiederkehren würde, und ging. Die Thür war
verriegelt. Der Gefangene befand sich allein. Die Zelle,
ein mehr als unangenehmer Aufenthalt, war stockfinster.

— Teufel, murmelte der Gefangene, ich kann doch hier
die Nacht nicht verbringen! Zieht das Geld nicht, muß ich
meinen Plan ändern. Die Rolle ist schwieriger, als ich
gedacht habe.

Eine halbe Stunde verfloß. Da ward die Thür geöff=
net und der Schließer erschien wieder mit seiner Laterne,
die er neben dem Arrestaten auf die Pritsche setzte.

— Ich bin krank! stöhnte der Jude. Ein Fieber schüt=
telt mich, daß die Zähne klappern. Schafft mir einen Arzt
. . . mein Gott, ich bin doch kein Verbrecher!

— Alter, flüsterte der Schließer, wir können vielleicht
ein Geschäft machen. Wieviel Geld tragt Ihr bei Euch?

— Nun, antwortete der Banquier gleichgültig, Sie
sind ja ein angestellter und vereidigter Mann, ein Stück

von der Obrigkeit, die unser Herrgott eingesetzt hat, Ihnen kann ich mich wohl anvertrauen. Wenn das Geschäft nicht tausend Thaler übersteigt, so läßt es sich auf der Stelle abmachen. Uebrigens seid versichert, daß ich reinen Mund halte. Ich weiß, man sagt es nicht gern, daß man mit reisenden Juden handelt. Die Leute meinen, der Verkäufer braucht Geld, und es will Niemand gern seine Verlegenheit merken lassen. Was kümmert's mich? Ich ziehe weiter, und das Geschäft ist gemacht. Wie manches Papierchen habe ich von einem großen Herrn gekauft, der sich entsetzlich in der Klemme befand. Wer hat es erfahren? Niemand. Der Herr bleibt immer groß, wenn er auch mit einem Juden gehandelt hat. Die vornehme Dame verkauft mir Juwelen; sie bleibt vornehm. Haben Sie einen Ring, eine Uhr, silberne Löffel oder Papiere, die auf dem Lande schwer in Cours zu setzen ... geben Sie her, ich zahle gute Preise. Man macht Geschäfte, auch im Gefängnisse. Der Dienst hat mit Privatsachen Nichts zu thun. Sperren Sie mich ein, lassen Sie mich hungern, wie es der Herr Landrath vorschreibt — ich mache Geschäfte und schweige.

Der Schließer hatte sich auf die Pritsche gesetzt.

— Schweigen müßt Ihr natürlich! flüsterte er. Wenn die Bauern erfahren, daß man Geld hat, wollen sie leihen.

— Ist eine bekannte Sache. Also, was wollen Sie verkaufen?

— Meine Frau hat von einem Vetter in der Stadt einige Papiere geerbt.

— Her damit! Wo sind sie?

— Hier!

Der Jude hielt zwei Staatsschuldscheine an die Laterne und betrachtete sie mit glühenden Augen. Seine Hände zitterten vor Begierde, als sie die Werthpapiere berührten.

— Hm, hm, murmelte er. Die Papiere stehen jetzt schlecht; sie werden bald noch schlechter stehen, das können Sie mir glauben. Nun, ich werde das Mögliche thun, weil Sie es sind. Für sechshundert Thaler, baar gezahlt, kaufe ich die Papiere. Aber mehr kann ich nicht geben, nicht einen Pfennig mehr, und wenn Sie mein Bruder wären. Gott ist mein Zeuge, daß ich Nichts verdiene, daß ich ein großes Risico übernehme. Wollt Ihr?

— Zahlt noch fünfzig.

— Nehmen Sie die Papiere zurück.

— Na, so behaltet sie denn.

— Hier ist Geld. Lauter gute Friedrichsdor, die man nicht nachzuwiegen braucht. Man hat seine Noth, immer Kasse zu schaffen. Haben Sie noch mehr solcher Papiere? Will in acht Tagen wiederkommen mit Kasse . . . vorausgesetzt, daß Sie mich gehen lassen. Legen Sie ein gutes

Wort ein bei dem Herrn Oberst . . . Sie sehen, ich bin ein ehrlicher Mann, der reell handelt. Komme sicher wieder, wenn ich weiß, daß hier was zu handeln ist. Sechshundert Thaler . . . zählt nach. Wenn ein Dreier fehlt, sollen Sie mich einen Schuft heißen.

Der Schließer strich hastig das Gold in seine Manchestermütze, als ob er fürchtete, daß man es ihm nehmen würde. Dann entfernte er sich mit der Versicherung, er wolle mit dem Wachtmeister sprechen, der ihn gewiß entlassen würde, wenn die Anmeldung des Gefangenen noch nicht erfolgt sei. Bald kam er mit der Nachricht zurück, daß der Jude abziehen könne, wenn er das Dorf verlassen und bis nach der nächsten Schenke wandern wolle, die in der Entfernung von einer halben Stunde an der Chaussee liege.

— Ich bin krank, murmelte gleichgültig der Banquier; aber bis nach der Schenke komme ich schon. Ein warmes Bett ist besser, als diese Holzpritsche. Wie steht's, soll ich in drei bis vier Tagen wiederkommen? Ich hole Geld zu größern Geschäften. Meiner Verschwiegenheit können Sie gewiß sein, und daß ich gut zahle, haben Sie gesehen.

Der Schließer führte den Juden über einen gewölbten Korridor durch eine kleine Thür in das Freie.

— Kommt nur wieder, flüsterte er ihm zu, ich brauche baares Geld.

— Wieviel? Nur heraus mit der Sprache, ich schaffe Rath. Nehmt keinen Anstoß an meinem schlechten Rocke, der in der Stadt guten Credit hat. Ich sehe schon, wir passen zusammen. Brauchen Sie fünfzehn, brauchen Sie zwanzigtausend Thaler oder mehr ... ich bringe sie mit.

Beide flüsterten noch eine Zeit lang, dann verschwand der Jude zwischen den Hecken. In seinem Stübchen traf der Schließer den Wachtmeister. Er theilte mit ihm die Goldstücke.

— Der Kerl ist ein schlauer Gauner, sagte der Gensdarm, einer von den Papierjuden, welche die Bauern betrügen. Ich habe es ihm gleich angesehen und ein Bauer hat ihn erkannt. Er kann schon thun, was wir nicht wagen durften. Faßt man ihn, was kümmert's uns? Von ihm wird man glauben, daß er ein Spitzbube ist.

Der Schließer berichtete nun die Verabredung mit dem Juden, die den Beifall des Gensdarmen fand. Dann trank man eine Flasche alten Weins und trennte sich. Der Wachtmeister sah von Außen durch die Fenster der Schenke; als er sich überzeugt, daß der Jude nicht unter den Gästen war, trat er ein, um mit dem Wirthe eine Stunde Karte zu spielen und das Wanderbuch eines armen Handwerksburschen zu prüfen, der noch spät um ein Nachtlager bat.

Der Jude hatte sich still durch die Gassen des Dorfes

geschlichen und den Ackerhof des alten Albers betreten. Auf der Hausflur empfing ihn Lottchen, die aus der Küche trat.

— Wo ist Herzog? fragte er leise.

— Bei dem Vater.

— Gut, so führen Sie mich zu dem Vater, mein liebes Kind. Jetzt muß er mich sehen und hören. Schließen Sie die Hausthür und wohnen Sie meinem Vortrage bei, der sich nur für vertraute Personen eignet. Melden Sie mich einfach als einen Fremden an.

Lottchen schob hastig den Riegel vor die Hausthür und ließ den Juden mit den Worten in das Wohnzimmer treten: „Ein Fremder, der den Vater zu sprechen wünscht."

Albers saß auf dem Sopha und rauchte seine Abendpfeife, wozu er Thee trank. Herzog, ihm zur Seite, machte Notizen in ein Rechnungsbuch. Als Lottchen die Meldung machte, sahen beide auf. Der Jude stand mit gekrümmtem Rücken, seinen Hut unter dem Arme, in der Mitte des Zimmers.

— Was wollen Sie? fragte erstaunt der Gutsbesitzer.

— Ich bin ein reisender Schauspieler, werther Herr, und bringe Grüße von Ihrem Sohne, der sich wohl befindet.

Albers zuckte heftig zusammen.

— Von meinem Sohne, der sich wohl befindet! rief er zornig.

— Ja, lieber Herr!

— Und so sieht ein reisender Schauspieler aus?

— Mitunter auch ein wenig anders, je nachdem Fortuna lächelt oder maliciös ist. Die Dame ist veränderlich, wie das Wetter ...

Albers erhob sich.

— Sagen Sie dem, der Sie gesandt hat, ich habe keinen Sohn mehr! rief er mit starker Stimme. Wahrlich, er hat keinen übeln Boten gewählt!

Herzog trat dazwischen.

— Mein Freund, sagte er ernst, hat Sie Herr Friedemann auch wirklich gesendet?

Der Schauspieler sah treuherzig den Hofmeister an.

— Er hat mich gesendet, daß ich den Vater kenne lerne, der den Sohn für einen Dieb hält. Ich theile Ihnen dieses Geständniß des jungen Albers mit, daß Sie nicht mehr an der Wahrheit meiner Sendung zweifeln. Herr, flüsterte er geheimnißvoll, wollen Sie den Dieb wissen? Ich, der alte Komödiant, will ihn nennen, will das Gestohlene zurückbringen. Aber zu diesem Behufe muß ich Ihnen eine Probe meiner Kunst ablegen. Merken Sie auf, ich beginne. Dort in der Wand, so nehmen wir an, steht ein eiserner Geldschrank. Herr Albers soll durch einen gewissen Wachtmeister in das Gefängniß gebracht werden. Der brave Mann ist von der Bosheit seines Nachbars tief erschüttert, er ist kaum seiner Sinne noch mächtig. Er nimmt Hut und Stock — der Schauspieler führt pantomimisch das aus, was er erzählt — er schwankt noch einmal zu dem Schranke, öffnet ihn und steckt eine gewisse Mappe in die Tasche seines Oberrocks. Dann schließt er den Schrank und läßt sich fortführen. Alle Gegenstände tanzen vor seinen Blicken, die ein grauer Schleier bedeckt. Der bravste Mann des Ortes muß in das Gefängniß wandern, um drei Tage und drei Nächte über die Bosheit seines Feindes in stiller Abgeschiedenheit nachzusinnen. Die endlose Zeit vergeht dem halbkranken Gefangenen. Schwankend verläßt er den Kerker und vergißt die Mappe auf dem harten Pfühle seines Lagers. Niedergeschmettert an Geist und Körper kommt er in seine Wohnung. Ein Fieber schüttelt ihn, er weiß nicht mehr, was er in der letzten Zeit gethan hat, erinnert sich nicht einmal mehr, was er gedacht, geschweige denn, was er gethan. Es giebt Tage, an denen der Körper krank ist, aber es giebt auch Tage, an denen der Geist leidet. Da erfährt der gemißhandelte brave Mann eine gewisse Entführungsgeschichte, zugleich auch, daß ein gewisser Baron gewisse Wechsel bezahlt hat. Nun bildet sich in ihm eine Gedankenassociation, die ihn vor den Geldschrank führt. Es fehlt die Mappe mit den

Staatspapieren. Wer kann sie gestohlen haben? Das Schloß ist unverletzt, keine Spur von Gewaltthätigkeit zeigt sich. Der Sohn muß der Dieb sein, der Lüderliche, der den Romeo spielt, der eine Baronesse entführt und sich nicht vertheidigen will, weil er es verschmäht. Man findet auch noch die leere Mappe in seinem Zimmer. Wie ist die Mappe dorthin gekommen? Ich, der Komödiant, will es sagen. Der Wachtmeister, der den Entführer der Baronesse sucht, geführt von der weinenden Schwester des vermeintlichen Diebes, verbirgt sie unter einem Tuche auf dem Sopha. Nun war das Verbrechen konstatirt. Der Vater unternimmt zwar Nichts gegen den Sohn, aber er sagt sich von ihm los und überläßt sich dem Kummer, der an seinem Herzen nagt. Wer zerreißt den Schleier, den eine freche Hand so geschickt ausgebreitet? Ein Komödiant! Er wandert als Handelsjude nach Hochstädt, nachdem er sich die Dinge in seinem Kopfe zurechtgelegt. Der alte Moses ist ja bekannt, der gestohlene Papiere kauft. Der Versuch war kühn, aber er mußte gelingen, wenn die Vermuthungen begründet, die zu dem Versuche Anlaß gegeben. Moses geht in die Schenke, treibt Tollheiten, giebt sich für den Teufel aus, als ob er betrunken wäre, zeigt sein Gold, und wird schließlich als paßloses Subject arretirt. Das hat er gewollt. In dem Kerker bethört Moses den Schließer, denn schlechte Kerls finden sich leicht zusammen; der Herr

Schließer holt zwei Stück Staatspapiere, die seine Frau geerbt haben soll, Moses macht das Handelchen gegen baar, verspricht bald wiederzukommen, wird entlassen und geht zu Herrn Albers, der sich über seinen spitzbübischen Sohn grämt. Hier sind die Papierchen. Nehmen Sie, Herr Albers, und sagen Sie mir, ob der Komödiant seine Rolle gut gespielt hat.

Der Jude entfernte die Perücke und riß seinen spitzen greisen Bart ab. Der Kopf Engelbrecht's ließ sich nun erkennen. Lottchen stieß einen hellen Schrei aus. Albers war starr vor Erstaunen. Er griff zitternd nach dem Rechnungsbuche und prüfte die Nummern der Papiere, die dort eingetragen standen. Sie waren richtig. Der alte Mann weinte, er weinte Freudenthränen.

— Gott sei gelobt, rief er, die Hände emporstreckend, mein Sohn ist kein Verbrecher! Ich habe ihm zu viel gethan! Herzog, Lottchen, kommt doch zu mir! Alles Andere will ich ja gern ertragen, nun die schwerste Last mir von der Seele genommen!

Herzog schloß den Schauspieler in die Arme.

— Sie haben Recht gehabt, Freund! rief er aus. Ich habe nicht geglaubt, daß so Etwas möglich sein könne. Der alte Moses hat durch sein wundervolles Spiel eine Schurkerei an das Licht gebracht, die vielleicht ewig verborgen geblieben, wenn der rechte Moses gekommen wäre. Das Komödiespielen schafft mitunter doch Nutzen.

— Darum, mein Freund, giebt es in der menschlichen Gesellschaft so viel Komödianten, antwortete Engelbrecht. Der Eigennutz ist der große Regisseur, der die Stücke in Scene setzt und die Rollen vertheilt.

— Die Ihrige, Herr Engelbrecht, haben Sie von der Freundschaft erhalten, sagte das froh bewegte Lottchen, indem es dem Schauspieler die Hände drückte. Ach, Sie haben uns Allen die Augen geöffnet, denn, wenn wir es aufrichtig gestehen, wir haben den braven Friedemann für schuldig gehalten, weil alle Umstände gegen ihn sprachen.

Herzog trat zu seinem Freunde, der noch einmal die Papiere geprüft hatte.

— Da siehst Du es, Georg, daß die wahre Kunst, Menschen darzustellen, die Komödianterie überflügelt.

Der bewegte Albers konnte nur durch Händedrücke und Blicke danken; die Freude, seinen Sohn schuldlos zu wissen, machte ihn sprachlos. Er küßte Lottchen, umarmte Engelbrecht und legte sein Haupt an Herzog's Brust. Der Schauspieler, der auf Friedemann's Zimmer seinen Koffer vorfand, wechselte das Kostüm und erschien wieder als ein eleganter Herr. Als man sich spät zur Ruhe begab, sagte

Albers zu dem Freunde: „Wo diese Papiere waren, werden auch die übrigen sein." Der Gutsherr hatte lange nicht so sanft geschlafen. Am nächsten Morgen sprach er den Wunsch aus, Friedemann zu sehen. „Sie werden ihn sehen, antwortete Engelbrecht, aber auch bewundern, denn Ihr Sohn ist nach kurzer Zeit schon ein wackerer Künstler geworden, der unserm Stande Ehre macht." Beim Frühstücke erzählte er die Ereignisse aus seinem Leben, die ihn mit dem jungen Husaren zusammengeführt hatten. Daß Friedemann's Lob dabei nicht fehlte, läßt sich denken. „Der junge Mann hat mich vom Verderben gerettet, schloß der Schauspieler, ich preise mich glücklich, daß es mir vergönnt war, ihm den guten Namen und die Liebe des Vaters zurückzugeben."

— Was aber wird aus der entführten Baronesse? fragte Albers.

— Eine tüchtige Schauspielerin.

Der Landmann schob seine Hausmütze in die Stirn, indem er murmelte:

— Ich merke schon, wohinaus die ganze Geschichte läuft. Wüßte ich nur, warum der Baron seine Tochter nicht zurückgeholt und sich bis zu diesem Augenblicke so ruhig verhalten hat, als ob durchaus Nichts vorgefallen wäre.

IV.

— Das, Freund, antwortete Herzog, wird Dir Engelbrecht bald sagen können, der diesen Abend nach Walsrode reis't.

Denselben Tag empfing Lottchen einen Brief von dem Porte d'epee-Fähnrich Leo von Bonhorst.

Siebentes Kapitel.

Herr von Waldmann.

Gegen Abend sprengte ein Reiter in den Schloßhof von Walesrode. Wie gewandt tummelte er das schöne Roß, wie schulgerecht stieg er ab und wie angelegentlich empfahl er dem Reitknechte die Sorge für das erschöpfte Thier, dem er mit Kennerblicken nachsah, während es abgeführt ward. Ein Bediente führte ihn in das Vorzimmer, wo er den kurzen Pelz ablegte und seine Toilette ordnete. Wir erkennen Engelbrecht, der jetzt einem Rittergutsbesitzer glich. Der Komödiant zeigte sich auch in dieser Rolle als einen vortrefflichen Charakterdarsteller, denn seine Manieren, seine Sprache und sein Kostüm waren die des reichen Domänenpächters oder Gutsbesitzers, die ihr eigenthümliches Gepräge tragen. Sein Embonpoint kam ihm dabei zu statten. Heute trug er eine braune, wohlfrisirte Perrücke, die ihn jünger erscheinen ließ, als er war. Die Röthe auf den Wangen, von dem Weine erzeugt, ließ auf einen guten Flaschenkeller schließen. Der Bediente hatte sich entfernt, um die Anmeldung zu besorgen. Eine alte Frau in bäuerischer Kleidung erschien. Sie trat rasch ein und flüsterte hastig:

— Nehmen Sie sich in Acht, Herr!

— Was ist geschehen, Justine? fragte leise der Schauspieler.

— Ich habe es nicht so recht erfahren können, aber es ist Etwas im Werke gegen Sie! Das Fräulein befindet sich allein, der Graf ist nach Hochstädt gefahren. Ich warne Sie, lieber Herr!

Engelbrecht küßte gerührt die Stirn der alten Frau, die vergebens ihre Thränen zurückzuhalten suchte.

— Beruhige Dich nur, Justine, ich bin auf Alles vorbereitet. Verbanne Deine Angst, zeige ein sorgloses Gesicht und gehe wie gewöhnlich Deinen Geschäften nach. Die Zeit ist gekommen, die Dir erlaubt, frei aufzuathmen. Gieb getrost Auftrag, daß man mein Zimmer vorbereite.

Der Diener trat ein.

— Herr von Waldmann ist dem gnädigen Fräulein willkommen!

— Ah, dachte Herr von Waldmann, der Empfang hat

sich nicht geändert. Sehen wir zu, was geschehen ist und geschehen wird.

Er musterte noch einmal seine Toilette in dem Spiegel, dann betrat er das kostbare Boudoir, in welchem er schon manche Scene gespielt hatte. Beobachten wir ihn heute.

Livia, der Leser kennt sie bereits, saß lächelnd auf dem seidenen Divan. Sie war, wie stets, reich gekleidet. Heute trug sie eine Robe von veilchenblauer Seide. Ihr Haar war à l'enfant koiffirt. Die feinste pariser Schminke röthete sanft ihre Wangen. Die Zähne, die sich zeigten, als die Dame lächelte, mußte Jeder für echt halten, denn sie waren Producte der renommirtesten englischen Fabrik.

— Friedrich! rief sie.

— Livia! rief er.

Und Friedrich küßte galant die ihm dargereichte Hand. Dann wollte er auch den Mund küssen. Livia bog den Kopf zurück, indem sie rief:

— Sie haben, mein Bester, noch Nichts gethan, um diese Gunst zu verdienen.

Herr von Waldmann verneigte sich, zog seine Handschuhe aus und ließ sich neben der Dame nieder.

— So werde ich Alles aufbieten, um mir die verscherzte Gunst wiederzuerwerben.

— Das ist Ihre Pflicht, wenn Sie ein treuer Cavalier sind! Sie haben seit einem Monate Nichts von sich hören laſſen. Wiſſen Sie auch, was einem liebenden Herzen ein Monat iſt?

— Ein Jahrhundert, eine Ewigkeit! Ach, ich habe es ſchmerzlich empfunden. Hören Sie meine Entſchuldigung, und Sie werden mir verzeihen.

— Ich höre! lispelte Livia.

Herrn von Waldmann's Geſicht nahm einen düſtern Ausdruck an.

— Livia, was ich gefürchtet, iſt eingetroffen ... ich bin heute ein armer Mann! rief er pathetiſch. Mein Schwager hat den Prozeß gewonnen, und ich muß ihm das Gut abtreten. Tröſtete mich die Gewißheit nicht, von Ihnen geliebt zu werden, ich würde der Verzweiflung anheimfallen. O, die Menſchen ſind ſchlecht und tückiſch! Selbſt die eigenen Verwandten ſuchen ihren Vortheil ... meine Schweſter, die nun im Grabe ruht, hat nicht ehrlich an mir gehandelt. Und doch hat ſie mir ſo viel zu danken! Erlaſſen Sie mir, Ihnen die Einzelnheiten des unglücklichen Verhältniſſes mitzutheilen! So nahe dem ſchönen Ziele, die Geliebte als meine Gattin heimzuführen, werde ich in den Abgrund des Elends zurückgeſchleudert! Livia, ich bin ſehr unglücklich!

— Mein armer Freund! ſeufzte die Dame. Verlieren Sie den Muth nicht.

Er ſtarrte düſter vor ſich hin, indem er murmelte:

— O, Livia, ich würde wenig Schmerz empfinden, wenn der erlittene Schlag mich allein träfe! Sie sind ja schon zu innig mit mir verbunden . . .

— Und ich, Friedrich, bleibe Ihnen treu! Ich liebe ja nur Dich, und nicht das Vermögen, das Du verloren! fügte sie zärtlich hinzu.

Schmachtend ließ sie ihr Haupt an seine Brust sinken. Er umschlang sie und drückte sie fest an sich. Die alte Schöne zitterte vor Entzücken.

— Friedrich, flüsterte sie, Du hast Dich über die Schwester zu beklagen?

— Leider!

— Ich muß mich über den Bruder beklagen, der noch lebt!

— Wie?

— Der Geiz ist bei ihm zu einer Krankheit geworden, die sich täglich verschlimmert. Es wäre ihm ein Leichtes, mich so auszustatten, daß wir auch ohne Dein Gut zum Altare treten könnten; aber noch heute hat er mir wiederholt, daß er mir höchstens eine Stelle in einem Fräuleinstifte kaufen könne.

— Dir, Dir diese Beleidigung! Livia, Du bist eines Thrones würdig, und Dein Bruder spricht von einem Fräuleinstifte? Er ist mein Feind, mein Todfeind! Wer Dich beleidigt, beleidigt mich! Ich bin Edelmann, führe den

Degen wie das Pistol . . . mir zuckt die Faust, die schon oft Beleidiger gezüchtigt . , . Ich weiß nicht, was mich abhält . . .

— Still, mein Geliebter, still! bat Livia, seine Hand ergreifend. Mein Bruder will sich auf seine alten Tage noch mit einer jungen Dame verheirathen — er, der kranke Mann, der an sein Testament denken sollte.

— Wer ist diese Dame?

— Die Tochter des Barons von Kirchhaus, eine zwanzigjährige Schöne. Und schön ist sie, das muß man sagen. Ich hätte Nichts gegen die tolle Heirath, wenn der Vater der Braut nicht die Hand nach dem Vermögen meines Bruders ausstreckte. Die einzelnen Punkte des Checontractes sind schon festgestellt: Walesrode fällt der Wittwe zu, wenn der Graf von Biberstein stirbt.

Diese Worte hatte Livia mit zuckenden Lippen gesprochen.

— Und was wird aus der Schwester des Grafen? fragte Friedrich.

— Sie geht in das Fräuleinstift!

— Nein, nein! rief Herr von Waldmann, und sank zu den Füßen der Schönen nieder. O, daß ich arm bin! Livia, ich könnte für Dich sterben, könnte ein Verbrechen begehen . . .

Er verbarg seinen Kopf in ihrem Schooße. Livia sah

auf ihn herab; ihre Augen glüheten, ihr Athem ging rasch. Das Geständniß des Geliebten erfüllte sie mit Stolz und Freude.

— Kannst Du von mir lassen, Friedrich? fragte sie leise.

— Nie! Nie! Ich suche einen Dienst, und gestattest Du mir, daß ich für Dich arbeiten kann, verschmähst Du es nicht, mein Loos zu theilen, so verachtet Livia von Waldmann den Bruder . . .

— Ach, Friedrich! rief überwältigt die Schöne. Welch ein namenloses Glück wäre es für mich, Deinen Namen zu tragen! Doch still, ein Wagen fährt in den Hof. Mein Bruder weiß, daß Du kommst . . . halte, der Form wegen, bei ihm um meine Hand an . . . den Verlust des Vermögens braucht er nicht zu erfahren . . . diesen Abend noch entdecke ihm Deine Absichten, und von seiner Antwort wird es abhangen, was wir gegen ihn unternehmen. Die Heirath mit der Baronesse darf nicht zu Stande kommen, wenigstens nicht unter den von dem Landrathe geforderten Bedingungen. Auch ich will glücklich sein, auch ich habe Ansprüche auf Walesrode! Friedrich, nimm den Verlobungsring!

— Tausend Dank, göttliche Livia! Und hier nimm den meinen, der lange schon seiner Bestimmung harrt.

Sie wechselten die Ringe und sanken sich einander in

die Arme. Nach dieser Liebesscene, die der Komödiant meisterhaft gespielt, trat ein ruhiges Gespräch ein. Livia liebte wirklich; sie hatte fest den Vorsatz gefaßt, sich zu verheirathen. Der Gedanke, als alte Jungfer in einem Stifte zu sterben, war ihr fürchterlich. Friedrich von Waldmann, den sie auf der Reise kennen gelernt, war zwar nicht ihre erste, aber ihre zäheste Liebe. Wenn ihr dieser entging, blieb ihr Nichts als das Fräuleinstift, in welchem verwachsene, häßliche und arme Edelmannstöchter Zuflucht fanden. Livia hielt sich für schön und geistreich, und war Friedrich von Waldmann auch nicht gerade ein Adonis, so war er doch ein Mann in seinen besten Jahren, gebildet, gewandt und liebenswürdig in seinem Umgange. Anfangs hatte die alte Dame heimlich Besuche von dem Geliebten empfangen, und in diese Zeit fällt die Mephisto-Scene mit dem Pfarrer; später hatte sie schlau die Bekanntschaft mit dem Bruder vermittelt, der ihr versprochen, sich näher nach den Verhältnissen des Zukünftigen zu erkundigen, die ihm mehr als zweifelhaft zu sein schienen. Bei der Abendtafel begrüßten sich die beiden Männer. Felix, der in den letzten Monaten sichtlich gealtert war, schützte Erschöpfung von der Reise vor und zog sich zeitig zurück. Er hatte den Gast zwar höflich, aber kalt behandelt, zum großen Verdrusse der Schwester, die ihren Friedrich heute liebenswürdiger als je fand.

— Nun ruhe aus, mein Freund, flüsterte sie ihm schmachtend zu; ich bereite meinen Bruder diesen Abend noch auf die wichtige Unterredung vor, um die Du ihn morgenfrüh ersuchen wirst. Ich gehe bis zum Aeußersten! fügte sie energisch hinzu.

Nach einem zärtlichen Kusse trennten sie sich. Die alte Justine führte den Gast auf das ihm bestimmte Zimmer. Sie leistete ihm lange Gesellschaft. Das, worüber sie gesprochen, erfährt der Leser später. Wir beschäftigen uns jetzt mit dem Bruder, der die Schwester nicht verheirathen will, und mit der Schwester, welche die Heirath des Bruders zu verhindern sucht. Die Beweggründe Beider kennen wir.

Die Schloßuhr hatte die zehnte Stunde verkündet, als Livia die alte Justine entließ. Justine schlich sich zu dem Zimmer des Gastes; Livia, in einen Pelzmantel gehüllt, suchte den Bruder auf, der, weil ihn der Schlaf floh, vor Mitternacht das Bett nicht aufsuchte. Felix kauerte, wie eine Puppe in Pelze gewickelt, am Kamine, als Livia eintrat.

— Ich habe es mir gedacht! murmelte er unwillig. Schwester, gieb Deinen thörichten Plan auf! Es giebt allerdings einen Herrn von Waldmann in dem kleinen Fürstenthume W.; aber dieser Herr ist, wie ich aus zuverlässiger

Quelle erfahren, ein Bettler. Gehe in das Stift, die Stelle ist gut!

— Felix! rief drohend die Dame.

— Mehr kann ich für Dich nicht thun. Da Du meinem Rathe nicht Gehör giebst, den jeder Verständige billigen muß, bleibt mir Nichts, als Dir entschieden zu erklären...

— Still! unterbrach sie ihn gebieterisch. Deines Rathes bedarf ich nicht, denn ich bin mündig und weiß, was ich thue und will. Aber Du stehst unter dem Einflusse eines Mannes, der nach Deinem Vermögen strebt. Verblendeter, wie oft soll ich Dir wiederholen, daß man Dich wie ein Kind gängelt? Mir gegenüber bist Du hartherzig, tyrannisch und willst mich bei Seite schieben wie ein überflüssiges Möbel... Felix, reize mich nicht zum Zorne! Du giebst mir ein Drittheil Deines Vermögens, und wir trennen uns. Das Uebrige genügt der Baronesse, von der man nicht einmal weiß, wohin sie der Bauer entführt hat.

Felix stieß ein heiseres Lachen aus.

— Deine Forderung, mein Kind, ist sehr bescheiden! Du hast ohne Zweifel Herrn Waldmann Aussichten eröffnet... Bah, wozu diese Verhandlungen, die mehr als überflüssig sind. Ich bleibe bei meinem Entschlusse, weil ich ihn nicht ändern kann. Nimm Platz, Schwester; laß uns von andern Dingen sprechen...

— Vielleicht von dem Erbschleicher, der in den Städten

Sensation erregt? fragte Livia kalt und bitter. Soll ich Dir Zeitungsartikel vorlesen, die den Jubel des Volks über die Schilderung der morschen und verrotteten Verhältnisse unsers Adels berichten? Soll ich Betrachtungen daran knüpfen über den frömmsten Mann, der mit seinen Domestiken in der Kapelle betet, während er seine einzige Schwester gefühllos in ein Stift verweis't? Soll ich Dich daran erinnern, daß auch ich eine Rolle gespielt habe in der Komödie, die der armen Ulrike den Kopf verdreht hat?

Felix richtete sich hoch empor. Sein großes Auge glühete fieberhaft, sein hageres Gesicht war noch bleicher geworden, alle seine Glieder bebten.

— Weib, Weib, rief er mit erstickter Stimme, Du wirst Dich in den Augen der Welt kompromittiren, ohne mir zu schaden. Kannst Du ein legales Testament antasten? Wenn dies möglich, wäre es längst geschehen. Ich bin der rechtmäßige Besitzer von Walesrode, und weder ein Mensch noch ein Teufel kann es mir entreißen.

Die Aufregung hatte den entnervten Grafen so erschöpft, daß er mit dem Kopfe zurücksank und die Augen schloß. Ein bitteres Lächeln glitt über seine bleifarbenen Züge. Livia legte sich so über die Lehne des Sessels, daß ihr Kopf sich dem des Bruders näherte.

— Felix, sagte sie kalt, fast boshaft, Du verleugnest die Schwester, wohlan ich werde den Bruder verleugnen.

Du zwingst mich dazu! Es gilt zu zeigen, daß ich Dir gefährlich werden kann, wenn ich will. Höre eine kleine Geschichte. Ulrike fand Gefallen an dem frommen Jüngling, wie sie Dich nannte; ihr gefiel aber auch die fromme und bescheidene Jungfrau, wie sie mich nannte. Und ich war damals wirklich fromm, denn ich kannte die Heuchelei der Menschen nicht, die ich alle für aufrichtig hielt. Als Ulrike krank lag, eilte ich zu ihrer Pflege herbei. Es war in der Sylvester-Nacht. An dem Bette der Kranken befand sich nur Justine, die mit ihr betete. Ulrike fühlte die Nähe des Todes, sie fühlte aber auch Sehnsucht nach ihren Kindern, die sie verstoßen hatte. Die Tochter war todt, aber der Sohn lebte noch; so vermuthete sie wenigstens. In der letzten Stunde ward ihr Geist noch einmal hell und sie verlangte, daß man den Justitiar rufe. Er tanzte in dem benachbarten Städtchen mit seiner jungen Frau auf dem Sylvesterballe. Man schickte einen Boten ab, der im günstigsten Falle nach zwei Stunden zurückkehren konnte. Der Kranken bemächtigte sich eine peinliche Unruhe. Ich hörte sie flüstern, daß sie an dem Sohne gutmachen wolle, was sie an der Tochter verbrochen habe. Der Justitiar kam nicht. Ulrike forderte Feder und Papier. Wir richteten sie empor. Sie schrieb einige Zeilen und beauftragte mich, die Schrift mit ihrem Ringe zu untersiegeln und sie später dem Justitiare zu übergeben. Während Justine bei der

Sterbenden blieb, besorgte ich das mir übertragene Geschäft. Erräthst Du wohl, Felix, was ich untersiegelte? Ein Codicill, das dahin lautete: der Justitias solle einen Aufruf an den verschollenen Herrn von Walesrode ergehen lassen, damit er sein Erbe antrete; nur in dem Falle, daß der Verschollene nicht zu ermitteln, solle das Vermögen dem Grafen von Biberstein verbleiben, der es zu seinem Nutzen verwalten möge. Dieses Codicill sei dem Testamente hinzuzufügen, das seine Kraft verliere, im Falle der Sohn sich einfinde.

Felix hatte sich, während er fieberhaft gespannt zuhörte, langsam emporgerichtet. Sein Gesicht war verzerrt wie das eines Wahnsinnigen. Beide Hände hatten sich krampfhaft in die Brust gekrallt. Der Athem schien ihm vergehen zu wollen. Mühsam stöhnte er:

— Und das sagst Du mir heute? Du willst mich betrügen, Du lügst, Du lügst! Es ist kein Codicill vorhanden!

— Höre weiter, mein lieber Bruder, damit Du die Schwester ganz kennen lernst. Justine, die bekanntlich nicht lesen kann, beschäftigte sich mit der Sterbenden; ich aber schrieb mit verstellter Hand auf ein Stück Papier: „Mein Testament bleibt in voller Kraft; dem Sohne, der mich bestohlen und verleumdet, möge Gott verzeihen." Als der Justitiar ankam, lag Ulrike in den letzten Zügen. Sie deutete auf das Papier, das auf dem Schreibtische lag, und starb. Der Justitiar, der Ulrike's Andeutungen verstanden, fügte die Schrift den Akten bei. Ich aber verbarg das wahre Codicill sorgfältig und verschwieg Dir die Existenz desselben, um Dir den Genuß Deines Glücks nicht zu verkümmern. Justine nahm ich mit mir, und behandelte sie wie eine Freundin.

Felix hatte einige Augenblicke nachgedacht.

— Bah, rief er, der Sohn Ulrike's ist längst verkommen! Ich bleibe der Erbe. Ziehe Dein Codicill hervor, mein Schwesterchen, zeige es der Behörde und klage Dich selbst als eine Dokumentenfälscherin an. Ich fürchte Deine Bosheit nicht. Die Schlinge, die Du mir legst, zieht Dir die Kehle zu. Was kümmert mich die Unterschlagung des Codicill's? Geh', rief er mit widerwärtigem Lachen aus, Du hast die Rechnung ohne den Wirth gemacht. Und damit Du siehst, daß ich mich nicht einschüchtern lasse, erkläre ich Dir: es bleibt bei dem Fräuleinstifte, wenn Dich Dein Getreuer ohne Mitgift nicht heirathen will.

Livia lächelte, indem sie ruhig fragte:

— Kann Nichts Deinen Entschluß ändern?

— Weder das Codicill, noch Deine boshafte Zunge.

— Felix, ich biete Dir das Codicill zum Kaufe an.

— Und ich, meine Beste, kaufe nicht falsche Papiere, die man zum Zwecke der Spekulation gefertigt hat.

— Ist das Dein letztes Wort? fragte die Dame, und ihre Augen blitzten wie die eines Luxes.

— Mein letztes Wort werde ich morgenfrüh an Herrn von Waldmann richten. Gute Nacht!

Der Graf stand auf und verneigte sich.

— Felix, setze Dein Vermögen nicht auf eine Karte! Noch ist es Zeit, einzulenken . . .

— Morgen! Morgen!

— Ich gebe Dir zwölf Stunden Frist!

— Gute Nacht! Uebrigens danke ich Dir für die Erkenntniß, die Du mir von Deiner liebenswürdigen Person beigebracht hast.

Livia entfernte sich rasch, ohne zu grüßen.

— Teufel, rief Felix, als er allein war, meine Schwester ist ernstlich verliebt, und verliebte Weiber sind gefährlicher als frömmelnde Männer. Wir werden dem Herrn von Waldmann die Maske abreißen, und sieht sie, wer der Patron eigentlich ist, wird sich ihre glühende Heirathslust wohl abkühlen. Das Codicill . . . Possen, es fehlt der Erbe! Ich war ein Thor, mich dergestalt aufzuregen, daß ich krank geworden bin.

Er rief den Kammerdiener und ging zu Bett.

Herr von Waldmann befand sich in demselben Zimmer, das einst Emmy's Vater bewohnt hatte, als er die fromme Schwiegermutter zur Versöhnung mit seiner sterbenden

Frau bewegen wollte. Es war das Gastzimmer. Der Schauspieler lag im Sopha, rauchte eine Cigarre und trank Thee. Seine Aufmerksamkeit war auf die Thür gerichtet, die sich endlich öffnete, um die athemlose Justine einzulassen. Er sprang auf und zog die zitternde Alte neben sich.

— Wie steht's, Justine?

— Hier ist das Papier. Nehmen Sie, nehmen Sie!

Die Alte zog ein Papier aus ihrem Busentuche und gab es dem Schauspieler, der es gierig prüfte.

— Gott sei gelobt! Emmy, Emmy! rief er aus.

— Ich kann nur wenig lesen, flüsterte die Alte, aber daß die verstorbene Gräfin diese Zeilen geschrieben hat, während ich die Mappe auf dem Bette hielt, werde ich mit gutem Gewissen beschwören, wenn es nöthig sein sollte. Livia hat es in einem Futterale aufbewahrt, und ich habe es ihr, während sie bei dem Bruder ist, aus dem Sekretair gestohlen . . .

— Ihr, der es nicht gebührt! Du verdienst Gottes reichsten Lohn, meine gute Alte. Laß Dich herzen und küssen, laß Dich segnen, braves Weib!

Er drückte sie ungestüm an seine Brust.

— Nun muß ich fort, flüsterte sie; Niemand darf wissen, daß ich auf Ihrem Zimmer gewesen bin. Herr des Himmels! Ich muß Ihnen noch Etwas berichten.

— Was?

— Mit dem Grafen zugleich ist ein Gensdarm angekommen, der Quartier erhalten hat. Was soll der Besuch?

— Er gilt ohne Zweifel mir, antwortete ruhig der Schauspieler. Immerhin, ich bin auf Alles vorbereitet. Gehe zu Bett, meine gute Alte; für heute danke ich Dir für den mir geleisteten Dienst durch diesen Kuß.

Die Alte ließ sich lächelnd den Kuß gefallen, dann verschwand sie. Engelbrecht verriegelte die Thür und suchte sein Lager auf. Er sank bald einem gesunden Schlafe in die Arme. Der nächste Morgen brachte wieder Frost. Die Sonne schien klar durch die Fenster, als der Schauspieler Toilette machte. Lange sah er in den Park hinaus, dessen von Reif überzogene Bäume in der Morgensonne glänzten. Sein Sinnen ward durch ein Klopfen an der Thür gestört. Ein Diener lud Herrn von Waldmann zum Frühstücke in den Saal. Er kam der Einladung sofort nach. In dem Saale traf er den Grafen, Livia und den Baron von Kirchhaus, der früh schon von Hochstädt herübergekommen war. Der Graf machte die Honneurs und stellte die Gäste einander vor.

— Herr von Waldmann? fragte kopfschüttelnd der Landrath.

Engelbrecht verneigte sich.

Der Landrath zog ein Papier aus der Tasche und sah

bald auf dieses Papier, bald auf den Gast, der vornehm und stolz neben Livia stand.

— Das Signalement ist genau! sagte der Landrath.

— Wessen Signalement? fragte Engelbrecht.

— Gehen wir zu Tische! rief jovial der Graf.

— Verzeihung, ich habe zunächst eine Polizeiangelegenheit zu ordnen. Dieser Herr usurpirt den Titel eines Edelmanns und kompromittirt durch seine Zudringlichkeit eine nobele Familie . . .

— Herr Baron! rief Livia erschreckt.

— Ruhig, Schwester! ermahnte der Graf. Mein Freund weiß, was er unternimmt.

— Die Frechheit der Abenteuerer, fuhr der Landrath fort, wird immer größer, man ist in seinem Hause nicht mehr sicher. Statt eines Edelmanns bewirthet man einen — Komödianten!

— Mein Herr, mein Herr, rief die erbleichende Livia, vertheidigen Sie sich!

Engelbrecht hatte die mit Ringen geschmückte Hand nachlässig in die Brustöffnung der Weste gelegt und sah vornehm lächelnd den Landrath an, der mit strengen Amtsmienen vor ihm stand.

— Antworten Sie! rief der Beamte befehlend.

— Herr Baron, ich antworte nur auf Fragen, die geziemend an mich gerichtet werden. Grobheiten, und kämen sie von einem Landrathe, weise ich verachtend zurück.

— Sie, ein Komödiant? rief lachend der Baron. Der Bursche ist amüsant. Doch, wollen wir uns Unterhaltung durch Komödianten verschaffen, so gehen wir für unser Geld in ein Theater ... hier, Herr Engelbrecht, haben Sie Ihre Rolle ausgespielt!

Livia war halb ohnmächtig auf einen Sessel gesunken.

— Engelbrecht! Engelbrecht! flüsterte sie entsetzt. Der Mann, der den Erbschleicher spielt!

— Und den Liebhaber meiner Schwester! murmelte ihr der Graf zu. Du siehst, wohin Dich Deine Verirrung geführt hat. Wir können unserm Freunde für die bewiesene Wachsamkeit nicht genug danken.

Des Baron's Augen glüheten vor Zorn, als er mit starker Stimme sagte:

— Der Komödiant, der in betrügerischer Absicht dieses Haus betreten, lege alle seine Papiere auf jenen Tisch. Ich befehle es ihm, im Namen des Gesetzes! Weigert er sich, so wird man Gewalt anwenden.

Engelbrecht lächelte ironisch.

— Der Gewalt, mein gestrenger Herr, muß ich mich fügen, denn Gewalt geht vor Recht. Aber leider besitze ich keine Papiere, die ich auf jenen Tisch legen könnte. Ihre Beschuldigung wegen der betrügerischen Absicht, weise ich zurück. Ich bin mit lauterer Gesinnung, beseelt von den besten Absichten, in dieses Schloß gekommen. Fragen Sie Fräulein Livia, sie wird Ihnen bestätigen . . .

— Beziehen Sie sich nicht auf meine Schwester! rief der Graf. Die schmähliche Rolle, die Sie mit unerhörter Frechheit und Virtuosität bisher gespielt, ist zu Ende. Das war ein schönes Kunststück, eine arglose Dame zu betrügen. Ich habe Ihrem Treiben zugesehen, um Sie jetzt desto sicherer entlarven zu können. Zählen Sie nicht darauf, daß wir den Eklat fürchten und Sie ziehen lassen, vielleicht wohl gar mit Gelde Ihr Schweigen erkaufen; wir beantragen die strengste Untersuchung und Bestrafung. Es soll ein Exempel statuirt werden, damit ähnliche Dinge nicht sobald wiederkehren.

— Abscheulich! seufzte Livia. Und ich habe dem Manne ein so großes Vertrauen geschenkt! Einem Schauspieler, einem Komödianten! Schaam und Groll werden mich tödten.

Sie verhüllte ihr geschminktes Gesicht. Die arme Dame, die einen Tag des Glücks gehofft, sah sich in ihren Hoffnungen so arg getäuscht! Sie weinte Thränen des Zornes, als sich ihr der Gedanke an das Fräuleinstift aufdrängte. Rasch trat sie zu Engelbrecht.

— Mein Herr, Sie sprechen von lauterer Gesinnung, von den besten Absichten — warum dulden Sie, daß man

Sie schuldlos anklagt? Sprechen Sie, sprechen Sie doch! Unsere Verbindung ist gewissen Leuten ein Dorn im Auge ... beweisen Sie, daß Sie der sind, als den ich Sie kennen gelernt habe.

Engelbrecht küßte ihr galant die zitternde Hand.

— Schöne Livia, antwortete er dann, wenn Ihre Liebe aufrichtig ist, wie Sie mir so oft versichert, wird sie auch dem Schauspieler bleiben, als den ich mich hiermit zu erkennen gebe. Wozu soll ich einen ehrbaren und höchst nützlichen Stand verleugnen?

— Elender! rief Livia entrüstet.

Bleich vor Zorn wandte sie sich ab.

— Ich bin Schauspieler, meine Herren, fuhr Engelbrecht fort, und Proben meiner Kunst habe ich Ihnen abgelegt. Meine Braut verschmäht mich ob meines Standes ... das ist betrübend, denn es beweist, wie groß die Macht der Vorurtheile in unserm aufgeklärten Jahrhunderte noch ist. Unbegreiflich bleibt mir der Zorn des Herrn Landraths, der doch einen Kollegen seiner Tochter ...

— Genug! donnerte ihn der Baron an. Vor den Schranken des Gerichts mögen die Verhandlungen fortgesetzt werden, die in diesen Räumen schon zu lange gedauert.

Er zog die Glocke. Der Gensdarmen-Wachtmeister, der draußen auf das Zeichen gewartet hatte, trat ein. Sein Säbel rasselte, seine Sporen klirrten.

— Verhaften Sie diesen Vagabunden! befahl der Baron. Bringen Sie ihn in das Amtsgefängniß und bewahren Sie den Gefährlichen wohl. Dafür, daß er sicher abgeliefert werde, mache ich Sie verantwortlich. Binden Sie ihm die Hände, daß er nicht entfliehen kann. Noch einmal, wandte er sich an Engelbrecht, legen Sie Ihre Papiere auf jenen Tisch!

Engelbrecht lächelte und zuckte mit den Achseln, ohne zu antworten.

— Wachtmeister, befahl der Baron, nehmen Sie ihm ab, was er bei sich trägt! Fassen Sie den Patron!

Der Gensdarm trat näher und wollte den Schauspieler ergreifen. Engelbrecht wich zurück, indem er sagte:

— Ich bitte Euch, Oberst, lasset mich in Ruh' und reizt mich nicht. Ich bin der Teufel! rief er mit schneidender Stimme wie in der Schenke. Und der Teufel läßt nicht mit sich spaßen! Ich krieche durch die Schlüssellöcher in die Häuser und fahre durch die Schornsteine wieder hinaus. Dann stinkt es gewaltig in dem Hause, das ich verlasse! Versucht es, packt den Teufel, der die Gestalt eines Komödianten angenommen. Sucht nach seinen Papieren, die nicht verbrennen, weil sie in der Hölle ausgestellt sind!

Der Wachtmeister stand wie Lot's Salzsäule. Er rührte kein Glied, starrte nur den Mann an, dessen Worte ihm das Blut gerinnen machten. So hatte ja der tolle Jude gesprochen, genau so, der von dem Schließer gewisse Papiere gekauft.

— Komödiant! rief der Baron. Doch, Wachtmeister, warum führen Sie meinen Befehl nicht aus?

— Diesen Herrn soll ich verhaften? fragte stammelnd der Angeredete.

— Halten Sie ihn wirklich für den Teufel? Rufen Sie Hülfe, wenn Ihnen der Muth fehlt. Der Kutscher und der Bediente sollen kommen, alle Knechte und Arbeiter!

Engelbrecht hatte sich nachlässig auf einen der prachtvollen Fauteuil's geworfen, die um den Frühstückstisch standen. Er kreuzte Arme und Beine und sah seine Umgebung lächelnd an. Hohn, Spott und Ironie sprachen sich in seinen erregten Zügen aus. Der Wachtmeister erkannte jetzt das große, feurige Auge des Juden wieder, den er in der Schenke so barsch angelassen. Seine Verlegenheit wuchs mit jeder Secunde. Er begriff instinktartig, daß der Komödiant ihm eine Schlinge gelegt hatte. Der Baron, der den Muth und die Entschlossenheit seines Untergebenen kannte, starrte verwundert den bewaffneten Riesen an.

— Was ist das? rief er auffahrend. Haben Ihnen die Gaukeleien dieses Menschen, der das Zuchthaus verdient, den Verstand verwirrt?

— Mein Herr, entgegnete Engelbrecht, der nach seiner

Uhr gesehen, der erste Akt unserer Komödie muß geschlossen werden, damit er das Publicum nicht langweile. Gehen Sie, Oberst, und sagen Sie Ihrem Schließer, daß er mich erst nach einigen Tagen empfangen könne. Doch nein, gehen Sie nicht, warten Sie im Vorzimmer, es könnte sich leicht noch eine Amtsverrichtung finden, die keinen Aufschub erleidet. Der Komödiant, meine Herren, meine verehrte Dame, muß seine Rolle zu Ende spielen, damit er nicht in den Verdacht gerathe, er sei ausgepfiffen. Mir gilt es gleich, ob ein Zuschauer mehr oder weniger vorhanden ist; ob Ihnen, Herr Baron, wage ich nicht zu entscheiden. Der zweite Akt beginnt mit einer Scene im Hotel Eschenburg. Ich spiele den Baron, der einen langen Monolog hält . . . Nun, ich kann diesen Monolog auch vor den Schranken des Gerichts halten. Bin fertig, Oberst, kann nun gehen, wenn ich doch einmal gehen muß!

Er stand auf und deutete nach der Thür.

Zum Erstaunen des Grafen und seiner Schwester flüsterte der bestürzte Baron dem Gensdarmen einige Worte zu. Dieser verließ rasch das Gemach.

— Ah, rief Engelbrecht, die Scene ändert sich. Gut, Herr Baron, Sie erkennen die Autorität eines Komödianten an und wollen ihm in der Entwickelung seiner Kunst nicht hinderlich sein. Dafür ist er Ihnen dankbar und ladet sich bei Ihnen zu Tische ein. Die Komödianten sind kühn, sie nehmen es mit der Etikette nicht so genau. Geniale Künstler verachten das leere Formenwesen, sie fallen stets mit der Thür in das Haus. Aufgemerkt, der Teufel verwandelt sich in einen Gutmacher, in einen echten Komödienonkel, wie ihn uns die braven Franzosen über den Rhein schicken. Ah, Sapristi, der Kerl ist ein Schwätzer, ein altes Weib, das Tag und Nacht plaudert und nur während der Predigt schläft. Heirathssachen elektrisiren den guten Onkel, obgleich er selbst gräßlich um die Braut gekommen, weil er kein Edelmann ist. Nun, er kauft sich den Adel, sobald er Geld hat. Baron, Sie wollen Ihre Tochter mit dem Grafen verheirathen — unterlassen Sie es, der Graf ist nicht reicher als seine Schwester, die aus Armuth unvermählt bleiben muß.

— Baron, Baron, flüsterte der Graf, Sie können dulden ...

Der Landrath winkte apathisch mit der Hand. Engelbrecht fuhr fort, als ob diese Unterbrechung nicht stattgefunden hätte:

— Sie haben Schulden, mein Herr, wie der genialste Komödiant, und sind nun nach dieser herrlichen Besitzung lüstern. Ich müßte nicht ein guter Kollege Ihrer Tochter sein, wenn ich nicht von dieser Heirath abrathen wollte. Die liebenswürdige junge Dame wird Gräfin, aber ohne Walesrode.

— Wahnsinniger! murmelte der Graf.

— Fräulein Antonie muß einen ganz Andern heirathen, wenn Sie, Herr Baron, der Mitbesitzer dieses Schlosses werden wollen.

— Wen? Wen? fragte Felix höhnend.

— Mich!

— Der Mensch ist wahnsinnig oder maßlos frech!

— Ah, ich spiele meine Rolle noch nicht gut genug, die Illusion ist nicht vollkommen. Das geht mitunter so, der Komödiant muß erst warm werden. O, arme Livia, Sie sind die beste Schwester und haben einen so bösen Bruder! Sie unterschlagen zu seinen Gunsten das Codicill der Frau von Walesrode, übergeben dem Justitiar ein falsches Document, und er, der herzlose Felix, will Sie in ein Fräuleinstift schicken! Pfui, ist das Dankbarkeit? Der frömmste Mann des Königreichs ist gottlos geworden, er tritt alle christlichen Tugenden mit Füßen, seit er über Millionen gebietet. Ah, Sie erbleichen, und Sie zittern? Verdammt, da falle ich wieder in die Rolle des Teufels, des Asmedeus, der durch die Dächer sieht.. Der Teufel ist geschwätzig wie das alte Weib, das während der Predigt schläft. O bleiben Sie, schöne Livia, Sie werden das Codicill nicht mehr vorfinden! Was nützt das Papier, wird Felix fragen, wenn der Sohn der Verstorbenen fehlt? Er ist da, er nimmt Besitz von seinem Erbe und ladet die verehrte Gesellschaft zu Tische ein! Das ist eine überraschende Wendung, das ist ein wirksamer Schluß. Der Komödiant, den man verhaften lassen will, der Vagabund, der frech in nobele Häuser dringt, wäre Friedrich von Walesrode? Wahrlich, er ist es mit Haut und Haar! Der strenge Polizeimann fordert Beweise . . . der Graf will nicht abtreten, was er erbeutet hat . . . man ruft dem Auferstandenen zu: Du hast Deinen Vater erschossen und Deine Mutter bestohlen! Wohlan, ich nenne den Mörder, ich nenne auch den Dieb! Der Knecht des Pfaffen, dieser blödsinnige Mensch, hat das Pistol abgefeuert auf den heidnischen, gottlosen Grafen. Der Teufel hat ihn zur Besinnung gebracht, daß er seine That eingestanden. Der fromme Knecht ist der Meinung, er habe ein gottgefälliges Werk gethan. Ein Komödiant, meine Herren, bringt auch einen Blödsinnigen zum Reden. Den Diebstahl, ich gestehe es, hat Friedrich von Walesrode verübt. Er hat von dem, was ihm gebührte, genommen, um einem Freunde beizustehen, der eine Ehrenschuld zu tilgen hatte. Die Schuld ward getilgt, und was wurde dem, der das Geld beschafft? Merken Sie auf, ein neues Drama! Als Friedrich von seiner Mutter verflucht ward, seines sündigen Lebenswandels wegen, flüchtete er zu dem Freunde, dem er den Dienst geleistet. Wie empfing ihn der Freund? Er wollte Nichts wissen von einem Darlehn, erklärte ihn für verrückt. Es kam zu einem Duelle auf Pistolen. Die Gegner schossen zugleich. Friedrich, der am Arme verwundet, schoß den Freund nieder. Da lag er am Boden, blutend, regungslos. Er war todt. Ich hielt mich einige Tage bei meinem Secundanten verborgen. Da erschien in den Zeitungen ein Steckbrief auf meine Person. Ich ward öffentlich des Diebstahls und des Mordes angeklagt, stand selbst in dem Verdachte des Vatermordes. Mein Secundant rüstete mich mit Gelde aus und ich entfloh nach England. Um in London nicht zu hungern, schloß ich mich einem deutschen Komödianten an, der zur Guitarre in den Kneipen sang. Friedrich sang mit, denn er hatte eine schöne Baßstimme. Er schnitt auch Grimassen dazu und ergötzte weidlich das englische Schiffervolk, das ihn mit Grog traktirte. Er ward Schauspieler, ohne es eigentlich recht zu wissen. Als solcher ging er mit einer Truppe nach New-York. Dort verheirathete er sich mit einer jungen Schauspielerin, mit einem reizenden, liebenswürdigen Mädchen. Er wäre ganz glücklich gewesen, der arme Friedrich, wenn er den Tod des im Duelle erschlagenen Freundes nicht auf dem Gewissen gehabt hätte, denn ein Mord bleibt Mord, ob im Duelle oder bei einer andern Gelegenheit verübt. Mußte er sich auch sagen, daß er zu dem verhängnißvollen Schritte gezwungen, daß der Gebliebene ein treuloser Freund gewesen, so litt er dennoch eine furchtbare Seelenqual. Bis zu der Anschauung, daß die Beleidigung, einem Edelmanne zugefügt, mit Blut abgewaschen werden müsse, konnte er sich nicht erheben. Die Noth führte ihn nach Europa, nach Deutschland zurück. Auch hier fand er nicht gleich, was er suchte, er hatte mit Widerwärtigkeiten der niedrigsten Art zu kämpfen. Seine Mutter war gestorben, sein Erbe war einem fremden Manne zugefallen, man sprach nicht mehr von den Dingen, die früher geschehen. Friedrich mied lange seine Heimathsgegend. Er betrat sie endlich als ein bettelarmer Komödiant, umgeben von einer Schaar hungernder Kinder. Sie erinnern sich wohl, schöne Livia, der Bettlerfamilie auf der Landstraße? Da erfuhr der Komödiant, den die Zeit und der Kummer völlig entstellt hatten, daß der todtgeglaubte Freund noch lebe. Er fand auch die Tochter seiner gemißhandelten Schwester wieder. Edler Graf, Sie kennen die berühmte Schauspielerin ... Friedrich schämte sich der Muthlosigkeit, der er bis dahin erlegen, aber er begriff auch, daß er verschiedene Schurkereien an das Licht ziehen mußte, ehe er sich öffentlich zeigen konnte. Als Liebhaber einer Dame kam er heimlich in sein väterliches Schloß, um Nachts den Teufel zu spielen. So entdeckte er den Mörder seines Vaters. Er entdeckte aber auch ein Codicill, das die bereuende Mutter im Angesichte des Todes geschrieben. Hier ist es, und mit diesem wunderbaren Instrumente vertreibe ich die Ratten und Mäuse, die sich hier eingenistet haben. Sie, Herr Landrath, mögen die

Recognition meiner Person vornehmen, wenn Sie es für nöthig erachten . . . morgen erscheine ich freiwillig vor den Schranken Ihres Amtes. Ihnen, reizende Livia, gebe ich diesen Ring zurück; aber ich will nicht undankbar sein: sollte Felix einen Platz im Fräuleinstifte nicht kaufen können, so werde ich die erforderliche Summe auf meine Kasse anweisen. Ihnen, Herr Graf, danke ich für die vortreffliche Verwaltung meiner Güter, wozu Sie nicht etwa die Gewissenhaftigkeit, sondern der Geiz getrieben. Jetzt steht der Komödiant am Schlusse seiner Rolle, die ihm das Schicksal zugetheilt. Es kommt auf Sie an, meine Herren, ob das Stück als Drama oder Lustspiel schließen soll. Für die nöthigen Heirathen, die das Lustspiel erfordert, ist bestens gesorgt; es sind aber auch in der Anlage die Elemente vorhanden, die eine Kerkerdekoration gestatten und Wahnsinn und Selbstmord zum Schlusse rechtfertigen. Ich gebe Ihnen einen Tag Zeit, darüber nachzudenken.

Friedrich verneigte sich nach drei Seiten, als ob er auf der Bühne für gespendeten Beifall dankte. Niemand wagte ihn zurückzuhalten, als er stolz wie ein siegreicher Feldherr das Zimmer verließ.

Felix lag zitternd auf einem Sessel. Livia stützte sich mit der Hand auf die Lehne dieses Sessels. Der Baron, der gegenüberstand, starrte das regungslose Geschwisterpaar an. Keine der drei Personen hatte den Muth, an eine

Täuschung zu glauben. Der Graf erhielt zuerst Leben und Bewegung zurück, er lief händeringend durch das Gemach, überschüttete Livia mit den heftigsten Vorwürfen und klagte den Baron der Muthlosigkeit an. Die Erregung des schwachen, abgelebten Mannes wuchs bis zur Wuth. Livia konnte sich nur durch die Flucht vor Mißhandlungen schützen.

— Ist es denn auch wahr? fragte Felix plötzlich, indem er erschöpft stehen blieb. Zittern wir nicht vor einem Hirngespinnste? Der Komödiant ist ein schlauer, geschickter Betrüger ...

— Er ist Friedrich von Walesrode! murmelte der Baron, der zwar äußerlich ruhig, aber im Gemüthe tief ergriffen war. Es sind Anzeichen vorhanden, die jeden Zweifel beseitigen.

— Retten Sie sich, indem Sie mich retten! rief flehentlich der todtbleiche Felix. Giebt es kein Mittel?

— Keins! Durch das Schauspiel, das überall Aufsehen erregt, ist die eingeschlummerte Medisance erweckt; die Angelegenheit ist zum Skandal geworden. Was wird man sagen, wenn Friedrich von Walesrode sein Erbe reklamirt? Die Polizei hätte ein schlaueres System nicht erfinden können, um Ihr Gebahren, das ich jetzt ganz durchschaue, der Welt darzulegen. Sie, Graf, sind nicht mehr zu retten! Das Codicill, von dem die Rede war, giebt Ihnen den Todesstoß. Mit dem Rathe, lassen Sie es nicht auf einen

Prozeß ankommen, scheide ich von Ihnen. Kann Ihre gräfliche Ehre einen schimpflichen Vergleich ertragen, so gehen Sie darauf ein. Der Fluch der Lächerlichkeit, den der Komödiant auf Sie geschleudert hat . . .

Felix stieß einen lauten Schrei aus. Er sank zu Boden. Als er sich nach einigen Minuten mühsam emporrichtete, war er allein.

— Der Fluch der Lächerlichkeit! murmelte er wahnwitzig lächelnd. Ist der fromme Mann von dem Komödianten nicht deutlich genug gezeichnet? Und derselbe Komödiant verjagt mich aus dem reichen Erbe. Er war der Teufel, der dem Pfaffen erschien; er war der Dämon, der meine Schwester berückte . . . er hat den Mörder seines Vaters entdeckt . . . Und der Fluch der Lächerlichkeit!

Der Graf trat schwankend in das angrenzende Kabinet, dessen Thür er hinter sich schloß. Alles war ruhig nach der lebhaften Scene. Das Frühstück im Salon blieb unberührt. Der Baron hatte, nachdem er einen Diener befragt, das Zimmer aufgesucht, in das sich Friedrich zurückgezogen. Als er eintrat, sah er eine rührende Gruppe: die greise Justine saß auf dem Schooße des Schauspielers, der sie herzte und küßte.

— Nur näher, Herr Baron, rief er; hier ist eine Zeugin, die meine Identität feststellen wird. Justine hat oft die tollen Streiche des Knaben unterstützt; sie hat aber

auch dem Manne seine Rechte wiederverschafft. Die treue
Dienerin ist eine Heilige, die ich verehren werde, so lange
ich athme.

— Ich bin achtundsiebenzig Jahre alt! schluchzte das
Mütterchen. Nun will ich gern sterben!

— Du wirst leben und Dich an dem Glücke Deines
Sohnes erfreuen, der Deiner oft in wehmüthigem Schmerze
gedacht hat. Die Liebe der Mutter habe ich nie gekannt;
Du, Justine, die treue Magd, bist mir stets Mutter gewesen! Und jetzt bist Du Großmutter, denn Dein Friedrich
hat schöne Kinder.

— Wo sind denn diese Kinder? Werde ich sie sehen?

— Bald, bald!

Der Baron blieb lange im ernsten Gespräche bei Friedrich. Gegen Mittag lockte ein Geräusch im Hofe die beiden Männer an das Fenster. Herzog, zu Pferde, sprengte
durch das Thor. Ein Reisewagen, mit Extrapostpferden
bespannt, folgte ihm. Als die herbeieilenden Bedienten den
Schlag öffneten, stiegen zwei in kostbare Pelze gehüllte
Damen aus.

— Baron, sagte Friedrich, meine Nichte und Ihre
Tochter sind angekommen. Ich hatte Beide zu Gastrollen
hierher verschrieben . . . doch, das Theater ist, rascher als
ich geglaubt, geschlossen. Halten Sie nun Wort, und ich
werde meinem Versprechen getreulich nachkommen.

Der Baron nickte, schmerzlich lächelnd, mit dem Haupte.

Beide Männer betraten den Saal des Erdgeschosses. Emmy flog in Friedrich's Arme. Antonie stand gesenkten Blickes vor dem Vater, der ihr bewegt beide Hände entgegenstreckte.

— Ich weiß Alles! murmelte er. Antonie, Du hast Freunde gefunden . . .

Ein Schuß, der dumpf durch die Räume des Schlosses hallte, unterbrach den Landrath. Alle sahen sich einander bestürzt an.

— Was ist das? fragten die Damen.

Man hörte Thüren öffnen und schließen. Friedrich und der Baron verließen den Saal. Nach einigen Minuten kamen sie ernst zurück; sie hatten den Grafen als Leiche in seinem Zimmer gefunden. Ein Billet, das er mit zitternder Hand geschrieben, empfahl seine Schwester der Milde des neuen Gutsherrn und der Diskretion des Barons.

— Antonie, rief der Landrath, jetzt athme ich frei auf!

Die Tochter weinte laut und schloß den Mund des Vaters mit Küssen, als ob sie ihn hindern wollte, Entschuldigungen auszusprechen. Friedrich stellte Emmy als seine Nichte und Miterbin von Walesrode vor.

Da trat Herzog ein.

— Hier ist mein Secundant! rief Friedrich von Walesrode. Er hat mir in dem Duelle zur Seite gestanden, hat aber auch brav Komödie gespielt. Ihm habe ich viel zu danken.

Der Baron von Kirchhaus, wir müssen es sagen, hatte mit der veränderten Situation auch seine Gesinnungen geändert. Ihm war klar, daß er nur Heil von dem Komödianten zu erwarten hatte, der plötzlich ein reicher Mann geworden. Antonie führte die Freundin dem Vater mit den Worten zu:

— Emmy von Falk!

Die reizende Schauspielerin flüsterte lächelnd:

— Herr Landrath, ich übernehme es, den Polizeidirector von Segeritz zu entschuldigen. Er hat mir zu Liebe die Freundin nicht ausgeliefert, wie Sie es wünschten. Daß es zum Heile unser Aller geschehen, beweisen die Ereignisse des heutigen Morgens, die ich vorausgesehen — den Tod des Grafen nehme ich aus. Es mußte so kommen. Emmy von Falk, Herr Baron, glaubt Ihnen einen Dienst geleistet zu haben.

Sie verneigte sich und trat zu Friedrich und Herzog, die eifrig ein Gespräch führten.

— Vater, flüsterte Antonie unter Thränen, wenn ich nun heute Gräfin von Biberstein wäre! Das Grauen vor dem Manne hat mich zur Flucht getrieben ... Vater, können Sie mir verzeihen?

— Ich habe Dir im Herzen nie gezürnt, antwortete

bewegt der Baron; aber mich zwang eine eiserne Nothwendigkeit . . .

— Die ich beseitigt habe mit Hülfe meiner Freundin.

— Erkläre Dich, Antonie!

— Emmy ist die Verlobte des Barons Woldemar von Eschenburg. Nehmen Sie dieses Portefeuille; es enthält diejenigen Papiere, die zu Ihrer Ruhe erforderlich sind. Der arme Woldemar mußte Sie drängen, weil er seinem Ruine nahe war. Vater, und nun gestatten Sie mir, daß ich Ihnen ein Bekenntniß ablege: ich liebe Friedemann Albers!

— Antonie! Antonie! murmelte erglühend der Vater.

— Sie haben gesehen, daß der Adel Sie im Stiche läßt, daß er ruhig Ihren Untergang geschehen läßt.

— Ich denke nicht an den bürgerlichen Mann; aber der, den Du liebst, ist der Sohn meines Feindes!

— So spricht auch der brave Albers seinem Sohne gegenüber. Vater, flüsterte Antonie, sich an seine Wange neigend, gestehen Sie es nur . . .

— Was? Was?

— Ihr Groll galt dem guten Herzog, dem Freunde Ihres Nachbars.

In diesem Augenblicke trat Friedrich näher.

— Mein Fräulein, sagte er galant, die Freundin reklamirt Sie. Folgen Sie mit ihr der alten Justine, die

Ihnen das beste Zimmer im Schlosse anweisen wird. Machen Sie Toilette zur Mittagstafel.

Arm in Arm verließen die Freundinnen das Gemach.

— Baron, sagte Friedrich laut, versöhnen Sie sich mit meinem Freunde Herzog, denn Hader und Zwist verbittern das Leben, und wir hoffen, noch lange als gute Nachbarn zu leben, die sich in Leid und Freud treulich die Hand bieten. Die Jugend liegt weit hinter uns, wir sind gereifte Männer, gereift in der bittern Schule der Erfahrung .. schweigen wir darum von jenen kindischen Geschichten. Leonore von Bonhorst willigt ein, daß ihr Sohn Leo sich um Charlotte Albers bewerbe, und Herzog wird dafür sorgen, daß der alte Landmann dem Bunde der jugendlichen Liebhaber nicht entgegentritt ... Sind Sie zufrieden, Baron?

Ein eigenthümliches Lächeln glitt über die Züge des Landraths.

— Ich bin es! murmelte er. Wie ich Ihnen jetzt zuerst die Hand reiche, mag Albers mir die seinige reichen. Unsere Kinder sollen nicht sagen, daß wir es verabsäumt, ihr Glück zu befördern.

Herzog antwortete, indem er die Hand des Barons ergriff:

— Ich glaube, unser Friedrich hat Alles gut gemacht!

— Der alte Komödiant! fügte Friedrich hinzu. Hier wird gefreit, dort begraben . . . denken wir nun an den Erbschleicher.

Achtes Kapitel.

Die letzten Scenen.

Der Anerkennung Friedrich's als rechtmäßigen Erben von Walesrode stellten sich keine Schwierigkeiten entgegen, nachdem der Landrath einen officiellen Bericht und das von Livia rekognoscirte Codicill an die zuständige Behörde gesandt hatte. Der neue Gutsherr versammelte nun seine Kinder um sich und stellte ihnen die alte Justine als Großmutter vor. Albers hatte zwar seinen Sohn noch nicht gesehen, aber er zürnte ihm nicht mehr, seit er von Friedrich von Walesrode erfahren, wie Friedemann sich benommen. Wenn ein so großer Herr Schauspieler gewesen, meinte er, kann auch der Sohn eines Bauern eine Zeitlang es sein, ohne seinem Rufe zu schaden. Herzog that redlich das Seinige, um die Aussöhnung vollständig zu machen;

er brachte es dahin, daß sein Freund Albers stolz auf den Sohn war, der die Tochter des Barons entführt und die Familie von Walesrode, die jetzt auf dem herrlichen Schlosse residirte, vom Verderben gerettet hatte. „Was wird denn nun aus der Baronesse?" rief er lachend aus. „Du hättest sie wohl gern zur Schwiegertochter?" fragte Herzog. „Nun, man sagt, sie soll ein schönes und gutes Mädchen sein; ich habe Nichts dagegen, aber der stolze Baron . . .

— Still, sagte Herzog, der am Fenster des Wohnzimmers gestanden, der Landrath kommt durch das Hofthor. Der Wachtmeister folgt ihm.

— Der Gensdarm betritt mein Grundstück wieder?

— Beruhige Dich, Freund, man ist Dir Genugthuung schuldig.

Albers ging, seine Pfeife rauchend, auf und ab. Er behielt auch die Hausjacke von gelbem Piquet an, denn er wollte durchaus nicht unterthänig erscheinen. Der Besuch schmeichelte ihm. Noch nie hatte der stolze Baron ein Haus des Dorfs betreten. Er schielte durch das Fenster, ob die Arbeiter und die Knechte auch sahen, daß der gefürchtete Mann den reichen Albers besuchte. Wenn nur der Wachtmeister, der stets an das Amt erinnerte, nicht dabei gewesen wäre! . . . Der gestrenge Herr Baron, von Herzog empfangen, trat allein in das Zimmer. Den Hut in der Hand haltend, blieb er neben der Thür stehen.

Albers zuckte unwillkührlich zusammen, als er die Züge des Mannes erblickte, der ihm oft so wehe gethan.

— Herr Albers, begann der Baron, ich komme in Amtsgeschäften zu Ihnen. Man hat mir Werthpapiere eingeliefert, die, wie ich vermuthe, Ihr Eigenthum sind.

— So, um die Papiere handelt es sich. Allerdings, ich habe einmal Staatspapiere verlegt oder verloren. Wenn ich nicht irre, als ich im Amtsgefängnisse saß . . .

Der Zorn machte die Stimme des Landmanns zittern, als er der ihm widerfahrenen Schmach gedachte. Herzog überreichte dem Landrathe ein Papier, das die nähere Bezeichnung der Papiere enthielt. Der Landrath ließ den Gensdarmen eintreten. Der große, starke Mann zitterte.

— Legen Sie die Papiere auf den Tisch!

Es geschah. Der Landrath zählte nach dem empfangenen Verzeichnisse. „Es fehlen zwei Stück!" rief er barsch.

— Ja, Herr Baron!

— Wo sind diese?

— Der Schließer, der sie gefunden, hat sie an den Juden Moses verkauft.

— Und Sie haben die leere Mappe auf einen gewissen Sopha geworfen.

— Halten zu Gnaden, Herr Landrath . . . ich weiß von der ganzen Geschichte Nichts.

— Warum zittern Sie?

— Weil ich an den Schließer denke, der sich erhängt hat. Der Kerl sah fürchterlich aus. Das, was er an mich geschrieben, habe ich nun ausgerichtet. Mehr kann ich nicht thun. Die Mappe, von der Sie sprechen, habe ich nie gesehen.

Der Landrath entließ den Wachtmeister.

— Herr Albers, der Schließer, der sich gefundenes Gut angeeignet, lebt nicht mehr, er hat sich aus Furcht vor der Untersuchung den Tod gegeben . . . dem Wachtmeister zu beweisen, daß er den Verdacht auf Ihren Sohn hat lenken wollen und bei der Veruntreuung betheiligt war, wird schwer, wenn nicht unmöglich sein. Was gedenken Sie zu thun?

— Herr Landrath, antwortete Albers stolz, mir genügt es, daß die Unschuld meines Sohnes bewiesen ist, und daß Sie wissen, wessen Sie sich zu Ihren Untergebenen zu versehen haben. Der Gensdarm, der Jeden für einen Spitzbuben hält, würde sicher in's Gedränge kommen, wenn der Schließer noch reden könnte. So steht es mit unserer Gerechtigkeit! Da muß ein Komödiant auftreten, um die Ehre meines Sohnes zu retten. Lassen Sie es gut sein, ich bin zufrieden gestellt. Wäre es nöthig, ich würde jene Summe hingeben, um zu beweisen, daß ich meinen Sohn zu einem ehrlichen Manne erzogen habe. Dessen bedarf es nun nicht mehr. Herr Landrath, auch ein Bauer hat seinen Stolz!

Albers rauchte und setzte seinen Gang durch das Zimmer fort.

— Haben Sie mir Nichts weiter zu sagen? fragte der Baron.

— Nein! Doch ja! Sie haben meinem Freunde Herzog die Hand geboten . . . das ist schön von Ihnen, Herr Baron. Und da Sie einmal bei mir sind, heiße ich Sie willkommen . . . nicht den Landrath, sondern den Herrn Baron, meinen Nachbar.

— Dieser spricht jetzt zu Ihnen, Herr Albers. Ihr Sohn ist angekommen.

— Friedemann?

— Ja!

— Wo ist er denn?

— In meinem Hause.

— Herr Baron! Herr Baron! Friedemann . . .

Dem Alten entsank die Pfeife.

— Er hat mir die Tochter zurückgebracht, die sich nicht von ihm trennen will, weil sie ihn achtet und liebt. Ihr Sohn ist Schauspieler, meine Tochter ist Schauspielerin . . . sollen sich die Väter um den Rang streiten? Nehmen Sie meine Tochter so freundlich auf, als ich Ihren Sohn aufgenommen habe . . .

— Herr Baron, unterbrach ihn bewegt der alte Mann, jetzt schlage ich ohne Bedenken in Ihre mir dargebotene

Hand, denn ich sehe, daß Sie Ihre Tochter nicht verkaufen wollen. Warum, Herr, sind Sie nicht schon vor zwei Jahren vertrauensvoll zu mir gekommen und haben gesagt: "Nachbar, ich bin in Verlegenheit, rathen, helfen Sie mir!" Ich hätte wahrlich nicht gefeilscht, wie der hochgeborene Graf, ich hätte als guter Nachbar meinen Geldschrank aufgeschlossen und Ihnen die Staatspapiere gegeben, damit Sie mir nachrühmen konnten: Albers ist zwar ein Bauer, aber er hat das Herz an dem Flecke, wo gewisse Edelleute den Geldsack haben. Herr, wenn ich mich meines Vermögens freue, so ist es meiner Kinder wegen, die ich recht glücklich machen möchte. Findet mein Sohn sein Glück bei Ihrer Tochter, nun, so mag er glücklich werden! Aber, Herr Baron, Komödiant darf er nicht bleiben. Ich dulde es nicht, daß er den Leuten für Geld Spaß macht. Herzog sagt zwar, es wird überall Komödie gespielt . . .

— Und Herzog hat Recht! rief der Baron. Der Graf von Biberstein hat seine Rolle ausgespielt . . .

— Gott wolle ihm verzeihen, was er hier gesündigt! Hier ist meine Hand, Herr Baron . . . zeigen wir der Gemeinde, daß uns die Rache fremd ist. Aber was wird aus unserm Pastor? fragte Albers, während er die Hand des Barons hielt.

Unser Pastor ist mit einigen Rechtgläubigen nach

Amerika ausgewandert, wo er eine neue Gemeinde zu gründen gedenkt. Ich habe ihn ziehen lassen, da er in unserm Dorfe unmöglich geworden. Sein treuer Gottfried hat das Weite gesucht. Beide werden sich wohl in den Urwäldern Amerika's wiedersehen.

Eine halbe Stunde später ging Albers, im Sonntagsrocke, an der Seite des Landraths nach dem Schlosse. Er fand nicht nur den Sohn, sondern auch die Tochter dort vor.

— Gut, dachte Herzog, als er die beiden Männer gehen sah; der Baron beugt sich, von der Gewalt der Verhältnisse getrieben, und der stolze Albers fühlt sich geschmeichelt. Friedrich von Walesrode hat wacker vorgearbeitet. Nun, wenn die junge Baronesse Madame Albers wird, braucht er seinen Seckel nicht zu öffnen. Wir Menschen sind doch alle schwach. Braver Albers, Deine Schwachheit ist der Stolz ... armer Baron, Ihre Schwachheit ist der Geburtsadel! Aber was ist Adel ohne Geld? Wunderliches Leben! Seltsame Menschen!

Emmy von Saint-Georges hatte ihre letzte Rolle gespielt; mit Blumen und Kränzen überschüttet verließ sie die Bühne. Die Mitglieder des Hoftheaters brachten ihr eine Serenade. In der Straße war es still, die Musiker und Sänger hatten sich entfernt. Statt der melodischen Töne hörte man das Horn und die rauhe Stimme des Nachtwächters, der die zehnte Stunde absang. Die Schauspielerin saß erschöpft in ihrem Boudoir. Sie überdachte den Abschnitt ihres Lebens, den sie der dramatischen Kunst gewidmet hatte. Wie reich an grellen Contrasten und Abwechselungen war diese Zeit! Wieviel von den Menschen, die Emmy kennen gelernt, waren zu Grunde gegangen, wie wenigen war es gelungen, sich eine feste Stellung zu erringen. Traurig lächelnd ließ sie die Bilder, welche die Erinnerung frisch erhalten, ihrem Geiste vorüberziehen. Bei manchem verweilte sie lange. Als sie Marien's und Woldemar's gedachte, traten ihr die Thränen in die Augen. Sie sah die Freundin im Brunnenhäuschen, sie sah sie auf dem Sterbebette. Und Woldemar . . !

Wie eine Träumende trat Emmy zu ihrem Schreibtische und holte aus einem Fache desselben, das sie erschloß, ein kleines Taschenbuch. Sie küßte die Blätter.

— Hätte mir Elise nur diesen einen Dienst erwiesen, flüsterte sie, ich würde kaum im Stande sein, ihr nach Gebühr zu lohnen. Ohne diesen Schlüssel wäre mir vielleicht nie die Lösung des Räthsels gelungen, das mir Kummer und Pein bereitete.

Sie las lange und aufmerksam die Blätter des Büchleins.

— Nun bin ich glücklich, ganz glücklich! flüsterte sie.

Am nächsten Morgen machte sie früher als gewöhnlich Toilette. Sie kleidete sich in schwarze Seide. Um zehn Uhr meldete Elise, daß der Miethswagen vorgefahren sei. Lächelnd schmückte sie ihr Haupt mit einem eleganten Frühlingshute und ließ sich die kostbare Sammtmantille um die schwellenden Schultern werfen. Leicht und gewandt hüpfte sie die Treppe hinab. An der Thür wartete ein Lohndiener. Nachdem sie diesem ein Haus bezeichnet, stieg sie in den Wagen, der rasch davon rollte.

— Viel Glück! rief das Kammermädchen der Herrin nach.

Sehen wir zu, ob dieser Wunsch in Erfüllung geht.

Der Frühlingsmorgen war prachtvoll. Die Sonne schien warm, die Bäume blüheten, die Vögel sangen. Der Wagen hatte die Straßen der Residenz verlassen und rollte rasch durch eine lange Allee von Kastanienbäumen. Am Ende derselben hielt er vor einem Gartengitter. Der Bediente ließ die Dame aussteigen und in den Garten treten. Emmy verfolgte den breiten, wohl gepflegten Weg, der zu einem kleinen, reizenden Landhause führte. Durch die offene Thür desselben trat sie in den Salon, wo ein Diener beschäftigt war, die Möbel vom Staube zu säubern.

— Guten Morgen, Christian!

Dem alten Soldaten entsank der Federwedel, den er eifrig geschwungen hatte.

IV.

— Ach, mein liebes Fräulein, Sie kommen schon so früh?

— Komme ich ungelegen? Ist wieder Besuch bei Ihrem Herrn?

— Sie meinen die Gräfin! murmelte der Alte. Nein, mit ihr ist es vorbei, rein aus! Wir haben sie abgeschüttelt, die lästige Fliege, der man sich kaum erwehren konnte. Da sind hübsche Dinge an das Tageslicht gekommen. Der wahnsinnige Schauspieler, der unser Hotel angezündet, und der Advokat, der den Baron gerettet ... ich will Nichts weiter sagen. Wozu auch? Wenn mein armer Herr daran denkt, und ich sehe es ihm jedesmal an, ballt er die Fäuste, als ob er die ganze Wirthschaft zertrümmern wollte. Der Advokat Groß, dem ich tüchtig eingeheizt, hat gebeichtet. Das ist eine sehr schmutzige Wäsche. Die Gräfin, die früher Tänzerin gewesen, speit Feuer und Flamme. Ach, Fräulein, das böse und listige Weib hat meinen armen Herrn tüchtig in der Scheere gehabt. Früher, als sie noch zu der nunmehr verstorbenen Baronesse kam, war mir die Person schon zuwider. Die Freundschaft hat nicht lange gedauert. Und zuletzt wußte der Baron gar nicht mehr, was er that.

— Wo ist der Baron, Christian?

— Er macht einen Spaziergang durch den Garten. Sehen Sie, dort kommt er; die Frühstückszeit ist da ...

— Sagen Sie ihm nicht, daß ich hier warte.

— Nein, nein!

— Und sorgen Sie, daß wir ungestört bleiben. Ich habe wichtige Dinge mit Ihrem Herrn zu berathen.

— Kann mir's denken! murmelte der alte Uhlan, indem er den Salon verließ.

Emmy stand hinter der Gardine eines offenen Fensters. Sie beobachtete den Spaziergänger, der sich langsam dem Hause näherte. Woldemar, der eine schwere Krankheit überstanden hatte, war zwar noch bleich, aber sein Gang und seine Haltung verriethen, daß die Genesung vollendet, die Kraft zurückgekehrt war. Er trug Civilkleider und eine Militairmütze. Seine Stimmung mußte eine gedrückte sein, denn er ging gedankenvoll, das Haupt gesenkt, die Hände auf den Rücken gelegt, am Fenster vorüber und verschwand in dem Hause. Da ward die Thür des Salons geöffnet... Woldemar trat ein.

— Emmy! rief er in freudiger Bestürzung.

Sie eilte ihm entgegen und sah ihn mit klaren, lachenden Blicken an, indem sie rasch seine Hand ergriff.

— Bist Du genesen?

— An Geist und Körper.

— Woldemar! Woldemar!

— Ich war schwer krank! flüsterte er. Aber auch Du mußt gelitten haben, Emmy!

— Du siehst, daß ich nun wieder gesund bin. Und kein Anderer als Du hat mir die wunderbare Arzenei gesendet, die mein Leiden rasch gehoben hat.

Sie zeigte ihm das Taschenbuch.

— Emmy! Das Portefeuille meiner Schwester!

— Ich habe Marien's Aufzeichnungen und Deine beiden Briefe gelesen. Woldemar, es hat mir große Ueberwindung gekostet, diese Blätter zu öffnen. Eine wunderbare Gewalt trieb mich, die Discretion zu verletzen. Es war dies die Ahnung, Dich gerechtfertigt zu finden, der Du viel zu aufrichtig bist, um an mir und Deiner Liebe zu freveln. Woldemar, es war dies der Glaube an Deinen braven Charakter, und dieser Glaube hat mich nicht getäuscht. Du liebst mich, schreibst Du an Marien, wie eine Heilige, aber Du dürftest Dich des Glückes dieser Liebe nicht erfreuen, weil Du, leider zu spät, die Entdeckung gemacht, daß ich eine Enkelin der Frau von Walesrode sei, die Dein Vater, als die Dame noch Tänzerin war, geliebt. Du müßtest Dich, um eine Liebe zu unterdrücken, die von der Kirche nicht geheiligt würde, den wüstesten Zerstreuungen überlassen, müßtest Deine Gedanken durch Wein fortschwemmen, müßtest mich fliehen, müßtest selbst in dem Umgange mit der Gräfin ...

— Genug, Emmy, genug! rief Woldemar überwältigt.

— So lies diesen Brief, den Dir Friedrich von Walesrode sendet.

Woldemar zerriß das Couvert und las haſtig, aber ſtill für ſich:

„Herr Baron, Sie ſind ſchlecht bewandert in der Genealogie meiner Familie. Die Tänzerin Ulrike E. hatte allerdings eine Tochter, ehe ſie die Gattin meines armen Vaters wurde; aber dieſe Tochter, die niemals anerkannt worden, war an den Balletmeiſter Simoni verheirathet, einen Italiener. Sie ſchenkte ihrem Gatten eine Tochter, die ebenfalls zur Tänzerin ausgebildet ward. Hermine Simoni befolgte die Prinzipien ihrer Großmutter: ſie wußte es ſo einzurichten, daß ſie die Gattin des alten Grafen von W. ward, den ſie bald beerbte. Ich hoffe Sie zu ſehen, um Ihnen Beweiſe für dieſe genealogiſche Aufſtellung zu liefern. Friedrich von Walesrode."

Der Baron ſank zu den Füßen der Geliebten nieder, die ihn liebreich zu ſich emporzog und ſich ſeinen Liebkoſungen hingab. Schmeichelnd erzählte ſie ihm nun, wie ſie in den Beſitz des Taſchenbuchs gekommen. Es war daſſelbe, das der berauſchte Baron dem Bombardier gegeben, und dieſer hatte es dem Kammermädchen ausgeliefert. Eliſe wiederum hatte es als einen koſtbaren Fund ihrer Herrin gebracht. Nun erklärte ſich Woldemar das Verhältniß ſeines Vaters zu dem Grafen von Biberſtein, von dem er, der verstorbene Baron, Kapitalien zu erpressen gesucht, als die Noth den höchsten Grad erreicht hatte. Die Papiere, die der Verstorbene als zur Ehrenrettung geeignet bezeichnet, waren Correspondenzen zwischen dem alten Baron von Eschenburg und der Witwe von Walesrode, in denen von einer Tochter gesprochen wurde, von der die fromme Dame Nichts wissen wollte. Diese Andeutungen hatten genügt, um Marien ein verwandtschaftliches Verhältniß erkennen zu lassen, als Emmy ihren wahren Namen genannt und sich als die Enkelin der Witwe von Walesrode zu erkennen gegeben. Die Liebenden sprachen sich nun offen aus. Woldemar schilderte seinen verzweiflungsvollen Zustand, die Kämpfe, die er mit sich selbst gehabt, der frommen Marie Ermahnungen vor der koketten Gräfin auf der Huth zu sein und Emmy ein wahrer Freund zu bleiben, die allein und verlassen in der Welt stehe; er schilderte aber auch seine, schon zu Zeiten des Vaters zerrütteten Vermögensumstände, die ihn veranlaßt, aus dem Heere zu scheiden . . .

— Jetzt rufe ich: genug! unterbrach ihn Emmy. Das kleine Erbtheil, das mir Marie ausgesetzt, hat reiche Früchte getragen. Wie ich es angelegt, erzähle ich Dir später; für jetzt vernimm, daß ich Dein Stammgut Eschenburg erstanden habe — hier ist der Kaufkontrakt. Nimm ihn als die Morgengabe, die Dir Deine Braut zubringt. Ich habe die Bühne verlassen, um in stiller Abgeschiedenheit dem Glücke unserer Liebe zu leben. Auch Du hast es ja so gewünscht.

Beide hielten sich lange innig umschlungen. Am folgenden Morgen verkündigte die Zeitung die Verlobung Emmy's von Walesrode und Woldemar's von Eschenburg. Die Verlobten konnten die Glückwünsche der befreundeten Personen nicht mehr empfangen, sie befanden sich auf der Reise nach Hochstädt. Einige Tage später proklamirte der Polizeidirector von Segeritz seine Verlobung mit der Gräfin von W. An demselben Tage ließ sich Frau Berta, die Gattin des Souffleurs Peter, bei der verlobten Witwe anmelden. Als sie vorgelassen ward, überreichte sie den Brief Stephan's mit den Worten: „Mein Mann ist krank, er kann nicht kommen."

Hermine hatte den Brief gelesen. Sie sah die Alte an.

— Ich soll Ihr Schweigen erkaufen? fragte sie verwirrt.

— So will es der Verstorbene, gnädige Frau, den wir aus christlicher Liebe lange gepflegt. Das zarte Geheimniß, das er uns mitgetheilt, ist sein Vermächtniß. Wir sind arme Leute, mein Mann hat sich die Schwindsucht an den Hals soufflirt, wofür er eine gottesjämmerliche Pension bezieht ... es kann uns Niemand verdenken, wenn wir die Erbschaft antreten. Kleine Schwächen, meine Gnädige, haben die größten Personen gehabt . . . ich bin Soubrette gewesen, weiß das zu würdigen . . . von uns erfährt die Welt keine Silbe.

Frau Berta legte die Hand auf den Mund.

— Ich verstehe Sie, liebe Frau, sagte mit erkünstelter Unbefangenheit Hermine. Wo sind die beiden Briefe, von denen Herr Stephan schreibt?

— Hier!

— Ich bezahle sie mit fünfzig Louisd'or. Geben Sie mir keinen Anlaß zur Unzufriedenheit, so werde ich nach einem Jahre dieselbe Summe für treues Worthalten zahlen.

Frau Berta empfing die Goldstücke mit bebender Hand und ging. Zu Hause sagte sie Herrn Peter, der, in Stephan's karrirten Schlafrock gehüllt, bang auf dem Kanapee saß:

— Du bist ein Hasenfuß! Suche eine freundliche Wohnung, ich habe funfzig Louisd'or erhalten.

Das kleine zusammengeschrumpfte Männlein schlug die Hände über dem Kopfe zusammen und rief: „Frau, Du hast einen wahren Löwenmuth! Wenn nun der Polizeidirector uns wegen Gelderpressung anklagt?" „Dann, antwortete mit schlauem Lächeln die Alte, habe ich noch einen Brief, den ich dem Herrn entgegenhalten werde." Es ist nicht bekannt geworden, daß Herr von Segeritz, der die Witwe zum Altare geführt, Anklage gegen den Souffleur erhoben, der eine freundliche Etage in der Vorstadt bewohnt und keine Schminke mehr fabrizirt, sondern ein hübsches Gärtchen mit großer Vorliebe pflegt.

Der neue Besitzer von Walesrode gab ein Fest; er feierte die von der Regierung erfolgte Bestätigung als Herrn des hinterlassenen Vermögens seiner Mutter. Wochenlang waren die Vorbereitungen dazu getroffen. Es kamen Gäste aus fernen Gegenden. Unter diesen befanden sich einzelne, die Aufsehen bei den Domestiken erregten. Es waren abenteuerliche, wunderliche Gestalten, die von dem Herrn wie Freunde empfangen wurden. Unter diesen befand sich auch Obstgarten, der Komiker, und Karlos, der taube Heldenspieler. Auch die Kinder, die Friedrich um sich versammelt hatte, jubelten den Komödianten entgegen und ließen sich von ihnen durch die Corridors und Zimmer tragen. Es war ein buntes Gemisch von Personen, das sich tumultuarisch in den sonst so stillen Räumen, wo man gebetet und mit Geistern verkehrt hatte, bewegte. In dem großen Saale des Erdgeschosses stand sogar ein Theater, das Werk eines berühmten Maschinisten und Malers.

Nach der Tafel führte Herzog, der das Amt des Ceremonienmeisters übernommen, die Gäste in den Saal. Auf

den Ehrenplätzen befanden sich der Landrath, neben ihm
Albers, der alte Graf von H., Woldemar von Eschenburg,
die alte Justine, Lottchen und Klärchen. Dann kamen die
Herren und Damen aus der Nachbarschaft, die theils aus
Interesse, theils aus Neugierde die Einladung angenommen
hatten. Das Programm, das von Dienern in Livree ver=
theilt wurde, kündigte Romeo und Julia an. Friedrich
hatte für eine gute Besetzung der Rollen gesorgt. Antonie
gab die Julia, Friedemann den Romeo. Die alte Amme
spielte Leonore von Bonhorst. Nach der Ouvertüre, die
ein gutes Orchester aus der Stadt exekutirte, begann eine
Vorstellung der Shakespeare'schen Tragödie, welche der
Graf, der den Kunstkenner und Kritiker spielte, eine muster=
hafte nannte. Antonie und Friedemann entzückten die Zu=
schauer in den ersten Akten; später erschütterten sie und
erpreßten Thränen. Der Landrath und Albers sprachen
kein Wort. Die Gewalt der Dichtung hatte ihre Gemüther
erfaßt — sie horchten schweigend der Lehren, die der große
Dichter gab. Als über den Leichen ihrer Kinder Capulet
und Montague sich versöhnend die Hände reichten und
Ersterer, von Friedrich dargestellt, die Verse sprach:

O Bruder Montague, gieb mir die Hand:
Das ist das Leibgedinge meiner Tochter,
Denn mehr kann ich nicht fordern.

Da drückte der Baron dem bäuerlichen Nachbar die Hand,

und Albert antwortete bewegt: „Ich bin's ja herzlich gern zufrieden, Herr Baron! Die Komödianten machen Einem angst und bange um's Herz. So hätte es kommen können, wie dort oben. Ich kenne meinen Sohn.

Nach der Tragödie trat Emmy auf und sprach mit der ihr eigenen Meisterschaft einen Epilog, der die Weihe des Abends vollständig machte.

Der zweite Festtag ward im Kreise der Familie begangen, wozu Friedrich auch die alten Collegen zählte, mit denen er manches Jahr Leid und Freud erduldet. Heute befand sich noch ein schmucker Gardelieutenant unter den Gästen, der nur dann von Lottchen's Seite wich, wenn sich die alte Leonore zeigte, die er Mutter nannte und sie ehrfurchtsvoll und zärtlich behandelte. Es war Leo, der wieder Quartier bei Alberts genommen. Für diesmal hatte er den Wachtmeister nicht zu fürchten, der respektvoll die Hand an den Helm legte, wenn der Lieutenant vorüberging, das reizende Lottchen am Arme.

Abends wurden Iffland's Jäger gegeben. Die Besetzung der Rollen läßt sich denken. Ehe sich der Vorhang hob, flüsterte der Gutsherr Emmy zu:

— Ach, lebte meine Friederike noch! Du hast ihr Deinen ersten Lorbeerkranz auf den Sarg gelegt ... sei gesegnet, Tochter meiner armen Schwester! Sieh', hier feiere ich das eigentliche Fest, hier, zwischen den Coulissen, auf den Brettern, mit Dir, der herrlichen Friederike . . . noch einmal will ich Engelbrecht sein, der Komödiant, dem die Gattin gestorben . . .

Er schloß weinend die Nichte in seine Arme. Leonore, welche die Rolle der Oberförsterin übernommen, unterbrach das Gespräch des Onkels und der Nichte. Sie brachte einen ärmlich gekleideten Schauspieler, einen jungen Mann, der nach Fräulein Emmy fragte.

— Oskar, Bruder, rief Emmy, wie siehst Du aus?

— Wie ein vacirender Schauspieler! war die Antwort. Ein Theateragent schickt mich hierher . . . .

— Geh, Freund, rief Friedrich, Du bist entweder ein großes Genie oder ein Taugenichts. Sieh' Dir die Jäger an und komm nach der Vorstellung wieder.

Obstgarten hatte längst berichtet, daß Oskar das Letztere, ein lockerer Gesell, sei, der unter strenger Zucht gehalten werden müsse. Klärchen, für das er einst geschwärmt, hatte der Vagabund vergessen.

Die erste Amtsverrichtung des neuen Pfarrers von Hochstädt, eines aufgeklärten und tüchtigen jungen Mannes, war die Trauung Woldemar's und Emmy's in der Kapelle des Schlosses Walesrode. Friedemann und Antonie traten in der Dorfkirche vor den Altar, nachdem sie feierlich versprochen hatten, die Theatercarrière aufzugeben. Die Besitzungen Albers und die des Baron's wurden in Eins verschmolzen, nachdem der Bauer die bedeutenden Schulden des Edelmanns getilgt hatte. Herzog, der den großen Güterkomplex verwaltete, ward zum Inspektor ernannt. Drei Jahre später führte der Premierlieutenant Leo von Bonhorst sein Lottchen heim und der stolze Albers hatte nun eine adelige Schwiegertochter und einen adeligen Schwiegersohn. Leonore lebte in der Residenz bei ihren Kindern. Friedrich von Walesrode hatte die Bewirthschaftung seines ausgedehnten Gutes auf Herzogs Rath in die Hand eines zuverlässigen Oekonomen gelegt, denn der alte Komödiant, wie er sich selbst nannte, war kein Freund von prosaischen Beschäftigungen. Er trank, spielte mitunter Komödie und lud Komödianten zu sich, um fröhlich zu sein. Klara von Walesrode, die sinnige Dame, harrte treulich bei dem Vater aus, bis er nach fünf Jahren sein vielbewegtes Leben schloß. Dann reichte sie dem Sohne eines benachbarten Gutsbesitzers die Hand. Livia von Biberstein hat ihre Stelle in dem Fräuleinstifte angenommen. Ihre Seele wird nun noch von einer Leidenschaft bewegt; von dem Hasse gegen' — die Komödianten.

Ende.

www.ingramcontent.com/pod-product-compliance
Lightning Source LLC
Chambersburg PA
CBHW032134230426
43672CB00011B/2328